엄마가 입시를 알아야하는 이유

엄마표 입시

엄마가 입시를 알아야 하는 이유
엄마표 입시

발행일 2022년 8월 15일
지은이 김하나·정영주

기 획 박형래
편 집 위북
디자인 유나의숲

펴낸이 한건희
펴낸곳 주식회사 부크크
출판등록 2014.07.15.(제2014-16호)
주 소 서울특별시 금천구 가산디지털1로 119 SK트윈타워 A동 305호
전 화 1670-8316
이메일 info@bookk.co.kr
www.bookk.co.kr

ISBN 979-11-372-9159-1

엄마가 입시를 알아야하는 이유

엄마표 입시

글 김하나 · 정영주

학부모가 알아야 할 입시의 정도
엄마를 위한 올바른 입시 가이드

입시 학원을 운영하며, 수많은 학생들과 학부모님들을 만났습니다. 매년 반복되는 입시 상황과 학생마다 각기 다른 고민 속에서 가장 좋은 길을 찾는 과정은 학생이나 학원 입장에서 어렵고 힘든 과정입니다. 그럼에도 불구하고 반드시 최적의 해법을 찾는 이유는 단 한 가지입니다.

대한민국에서의 입시는 단순히 대학 진학이 목표가 아닌 그 이상의 가치를 가지고 있기 때문입니다. 학생 입장에서는 자신의 인생 중 스스로 선택하는 첫 번째 관문일 것이며, 학부모 입장에서는 자녀의 성장과 자립을 위해 반드시 거쳐 가야 할 큰 산입니다. 대학입시는 학생과 학부모 모두에게 일생일대의 중요한 관문이라는 공통점을 가지고도 입시를 대하는 생각과 관점에서는 미묘한 온도차가 존재합니다. 학생의 선택과 희망, 학부모의 기대와 바람 사이에서 메워지지 않는 간극을 좁히고 성공적인 결과를 얻기 위해서는 제3자의 역할이 필요할 때가 있습니다. 중재자의 역할은 학교든 사교육이든 현장의 전문가들이 맡아야 한다는 신념을 기반으로 입시 상담을 진행해 왔습니다. 실제 학부모와 학생을 독려할 수 있는 입시상담이 이루어 질 때, 원하는 결과를 얻을 수 있습니다. 이것이 해마다 합격과 불합격을 나누는 주요 변수임을 확인하였습니다.

입시전문가들은 학생 개개인의 상황을 파악하는 것 이상으로 학부모와의 긴밀한 협조를 기대합니다. 학생 가정 내 분위기는 물론 학생과 학부모 간의 친밀도와 대화 습관, 서로가 중요시하는 가치관 등에 대한 사전 정보도 필요합니다. 입시대비는 학생의 성적과 함께 학습 환경과 성향, 태도와 컨디션까지 관리할 수 있을 때 최적화된 입시 전략을 세울 수 있기 때문입니다. 이에 반해 상담실에서 만난 학부모님들과 학생들은 성적 이외의 정보를 쉽게 공개하지 않습니다. 그동안의 입시 상담이 학생의 성적에 따라 줄 세우기에 급급했기 때문인지도 모릅니다.

올바른 입시 지도는, 학생들이 가고자 하는 진로에 적합한 전공을 선택하는 수준을 넘어 학생의 목표 이상 좋은 학교에 진학할 수 있도록 돕는 데 있다고 생각합니다. 흔히 대한민국 입시에서 가장 성공한 학생은 '문 닫고 입학한 학생'이라는 말이 정설로 통할 정도입니다. 상황이 이렇다 보니 학생 특성에 맞는 명확한 전략 수립이 무엇보다 중요합니다.

학생도 엄마도 길을 찾기 어려운 입시 엄마가 반드시 알아야 할 입시정보

이 책은 입시를 알고 싶어 하는 학부모, 특히 엄마들에게 손에 잡히는 길잡이가 되고자 하는 마음에서 시작되었습니다. 여러분의 자녀들이 올바른 목표와 방향을 설정하고, 학생에게 적합한 입시전략을 세우고, 입시제도에 대처할 수 있기를 희망합니다. '올바른'이라는 말을 강조하는 이유가 있습니다. 대부분의 학생들이 대학입시라는 제도 속에서 자신이 원하는 전공과 학교를 선택하지 못하는 안타까운 현실의 한 가운데에 있기 때문입니다.

이 책에는 학부모 입장, 특히 엄마가 반드시 알아야 할 입시 이야기를 담았습니다. 더불어 획일적이고 피상적인 대입정보가 학생들에게 얼마나 큰 위험요소가 될 수 있는지도 가감 없이 수록하였습니다. 엄마의 입장에서 우리 아이의 대입을 어떻게 대처하면 좋을지 입시 현장의 목소리와 사례를 들어 설명하였고, 크게 세 가지 관점에서 방법을 제시하였습니다.

첫째, 입시는 먼저 정책 전반의 이해를 바탕으로 접근해야 합니다. 우리 아이의 진로와 입시 계획이 교육정책과 입시 제도의 틀에서 마련되어야 한다는 점에서 큰 틀의 교육과정과 아이의 입시계획을 매칭할 수 있어야 합니다. 요즘 대입은 복잡하고 어렵습니다. 해마다 입시제도는 크고 작은 변수가 생기고, 학교마다 조금씩 바뀌고 있습니다. 아는 만큼 힘이 되는 입시 정보, 입시 정보를 분석하는 방법을 통해 엄마들의 불안을 해소할 수 있도록 하였습니다.

둘째, 아이의 현재 상황을 객관화 시킬 수 있어야 합니다. 성적과 가정환경, 공부습관과 진로 계획 등 학생의 상황을 객관화할 수 있는 자료를 활용하는 방법이 중요합니다. 합격 학생들의 사례를 통해 아이의 객관화 된 상황과 입시자료를 활용하는 방법과 엄마가 지원할 수 있는 역할의 문제도 고민하였습니다.

셋째, 학생의 성적보다 조금이라도 더 나은 결과를 얻기 위한 특별한 전략을 담았습니다. 이른바 기대보다 높은 전공, 예상보다 좋은 학교에 진학하기 위해서는 상황에 따라 아이와 잘 맞는 전문가를 만나야 할 수도 있습니다. 이 역시 엄마의 역할과 선택입니다.

저희는 이 책을 통해 엄마가 우리 아이에게 꼭 맞는 대입 전략을 설계할 수 있도록 도와드리고자 합니다. 가장 쉬운 정답과 한 가지 처방이 아닌 입시 제도와 우리 아이를 정확하게 알아가는 과정과 좋은 결과를 기대할 수 있는 방법을 찾는데 주안점을 두었습니다.

그래서 엄마표 입시

엄마표 입시란 엄마와 아이가 끝까지 함께 가는 입시의 과정 그 자체라 할 수 있습니다. 물론 엄마표 입시라는 말로 인해 모든 입시 과정을 엄마가 책임지는 과정으로 오해하실 수도 있습니다. 여기서 중요한 점은 엄마가 '함께' 하는 과정입니다.

지금 이 책을 읽고 계시는 어머님들은 적어도 15년에서 18년 이상 우리 아이와 함께 입시를 향해 한 걸음 한 걸음 내딛고 계시는 중이라 볼 수 있습니다. 아이를 낳아서 지금에 이르기까지 엄마는 자신의 역할을 단 하루도 쉰 적이 없습니다. 온 마음 다해 아이에게 집중하고 계십니다. 그렇다고 해서, 아이에게 필요한 모든 것을 엄마가 다해주지도 않았을 겁니다. 반드시 엄마 손을 거쳐야 했던 일도 있고, 때로는 그렇지 않은 일도 있었습니다.

엄마표 영어, 엄마표 수학, 유사한 표현은 어렵지 않게 찾아볼 수 있습니다. 이렇게 엄마가 전문가로 변신한 경우라 하더라도 100% 엄마의 힘으로 수업이 진행되었다고 볼 수 없습니다.

좋은 교재, 좋은 미디어들을 활용했을 뿐 아니라 적절한 시기에 전문가들을 아이와 연결해 줌으로써 그 효과를 극적으로 끌어 올릴 수 있었습니다.

입시도 마찬가지입니다. 좋은 방향성, 아이에게 맞는 진로, 가고자 하는 목표에 적합한 성적 등의 균형을 맞추기 위해서는 엄마가 그 중심에 서서 컨트롤 타워가 되어야 합니다. 필요에 따라서는 우리 아이에게 적합한 전문가의 지도를 받을 수 있도록 맞춤형 지원을 할 수 있어야 진정한 의미의 엄마표 입시라고 할 수 있습니다.

우리 아이를 가장 잘 아는 사람은 엄마 자신임을 믿어 의심치 마세요. 내 아이를 똑똑하게 대학 보내는 방법, 엄마를 위한 입시 가이드만 있다면 가능합니다.

아이의 입시를 아는 엄마
아이의 마음을 읽는 엄마

현재의 대입은 입시 제도는 물론 아이의 성향을 모두 잘 알아야 원하는 결과를 얻을 수 있습니다. 이 책을 통해 학부모님들의 복잡한 마음과 불안이 정돈되시길 희망합니다. 앞이 잘 보이지 않는 길은 이정표가 있어도 방향을 잡기도 힘들고 속도를 내기도 어렵습니다. 앞만 보고 달려가는 것은 정답이 아닙니다. 상담 과정에서 만나는 많은 학생들이 목표가 불분명한 상태로 입시를 향해 달리고 있는 과정을 경험합니다. 이는 곧 망망대해에서 표류하는 조각배와 다름없다고 설명합니다. 아이와 엄마가 함께하는 입시의 여정은 목적 없이 표류하는 과정이 아니라 목표를 향한 계획된 항해가 될 수 있기를 희망합니다.

1부에서는 입시학원을 운영하며 학생과 학부모와 함께 그들의 기쁨과 슬픔을 생생하게 나눈 입시상담의 전문가로서 합격의 전략과 경험을 새로운 입시생들에게 전달하고자 하였습니다.

2부에서는 대치동과 목동, 사교육 1번지에서 입시제도와 전략의 노하우를 축적한 정영주 조셉입시연구소 소장이 엄마들이 알아야 할 입시정보, 엄마가 휘둘리지 않는 입시 전략을 설명했습니다.

입시 지도의 궁극적인 목표는 학생과 학부모가 원하는 대학 입학에 성공하는 것입니다. 학생 입장에서는 자신이 목표한 바를 구체화할 수 있는 진로를 설계하고 실현할 수 있게 하는 것이며, 학부모 입장에서는 자녀의 성장과 독립은 물론 부모보다 나은 삶을 살 수 있도록 지원하고자 하는 마음일 것입니다.

내 아이의 입시라는 막막하고 긴 터널 앞에서 우리는 어떤 질문을 할 수 있어야 할까요?

"우리 아이에 대해 얼마나 알고 계시나요?"
"우리 아이의 목표와 꿈에 대해 확신을 가지고 계시나요?"

부모의 마음대로 되지 않는 아이에게 부모의 생각을 강요하면서 곧 입시가 지옥으로 변하게 됩니다. 대학입시라는 큰 산을 넘기 전에 엄마가 먼저 입시를 제대로 알고 아이와 함께 입시를 의논하는 능숙한 엄마가 될 수 있는 방법이 있습니다. 이 책이 입시라는 막막하고 불안한 길 앞에선 대한민국 입시생 엄마들에게 작은 불빛이 되어 길을 안내하고, 함께 뛰며 응원하는 페이스 메이커가 될 수 있기를 희망합니다.

조섭입시학원　　조섭입시연구소

대표 김하나　　소장 정영주

Contents

Chapter 2

아는 만큼 보이는 대학 입시

Chapter 3

2022 개정 교육과정을 대하는 엄마의 자세

[원장 칼럼] 『고교학점제가 입시제도의 변화를 불러올까?』

부록

Chapter
1

내 아이의
대학이 바뀌는
입시 컨설팅

내 아이에게 맞는 입시가이드, 엄마표 입시란?

엄마표 입시
입시 전략은 언제부터?

오직 내 아이만을 위한 엄마표 입시는 언제 시작해야 할까요?

'아이가 초등학교 입학한 순간부터 입시 준비는 시작되었다'라는 말이 가장 단순하고 명료한 답변이 될 것 같습니다.

대학 입시의 과정은 아이가 학교에 입학하여 학습하고 성장해왔던 모든 시간과 학습 내용을 반영한다고 해도 과언이 아닙니다. 아이 교육에 관심을 두는 열성 엄마들이라면 초등학교 입학 전부터 학군지를 고려해서 이사를 하고, 좋은 교육기관의 설명회도 빠지지 않고 찾아다닙니다. 그런가 하면 달라지는 입시 정책과 입시에 성공한 사례에 귀를 열고 우리 아이에게 적용할 방법을 살피며 입시의 목전까지 도달하게 됩니다. 아이의 성장에 맞춰 엄마의 시간도 오로지 입시를 위해 끊임없이 계획과 전략을 세우는데 맞추어져 있었을 것입니다. 어떻게 하면 아이에게 조금 더 좋은 학군, 잘 맞는 학원을 찾아줄 수 있을까 밤을 새우며 고민하고 정보를 모으며 최선의 노력을 기울여 왔을 것입니다.

문제는 이러한 노력과 과정만으로 '입시 전략을 수립했다'고 보기는 어렵다는 점입니다. 엄마의 노력을 폄훼하는 것이 아니라 입시를 염두에 두고 아이의 상황과 시기에 적합한 선택을 하는 과정이 곧 입시 전략은 아니라는 점입니다.

그렇다면 본격적인 입시 전략은 언제부터 수립해야 할까요?

입시전략이 본격화되는 시기는 중학교 입학과 사춘기가 시작되는 시점을 출발점으로 보시면 좋습니다. 앞서 초등학교 입학과 동시에 입시준비는 시작되어야 한다고 말씀드렸습니다. 초등학교 시기가 아이의 성향과 기질을 살펴보는 시기라면 본격적인 진로 지도를 그리는 시기가 중학교 시기이기 때문입니다. 또한 사춘기 시기는 아이의 학습 습관을 좌우하는 시점이라는 점 역시 간과할 수 없습니다. 결국 교과 과정과 학습 습관을 고려해 볼 때, 엄마표 입시 전략은 중학교 입학과 사춘기 시점에서 출발하시면 좋습니다.

엄마표 입시 전략
도대체 어떻게?

시작은 어렵지만 몇 가지 질문에 대한 예시와 답변을 함께 확인하면서 보다 쉽게 접근할 수 있는 방법을 찾을 수 있습니다. 지금부터 주어진 질문에 따라 답변을 생각하는 과정에서 엄마표 입시의 첫걸음을 시작하실 수 있습니다.

국내 대학, 해외 대학 또는 두 가지 방법을 다 고려할 것인가?

입시 역시 가정의 경제 상황이 최우선으로 고려되어야 합니다. 부모의 주요 수입원은 물론 형제자매들의 입시 시점까지 종합적인 여건을 살펴야 합니다.

최상위권 대학 입시를 목표로 할 것인가?

엄마가 진단하는 아이의 상황에 따라 목표를 설정할 수 있습니다.

만약 현재 우리 아이가 중학교 2학년이며, 전 과목 모두 A 등급을 받고 있다고 가정해 보겠습니다. 수학의 선행 정도와 영어 실력을 객관적으로 비교해 볼 때, 남은 4년 동안 잘해나갈 수 있다는 믿음이 있다면 SKY대학을 목표로 할 수 있습니다. 이와 달리, 우리 아이는 고등학교 1

학년 전체 3등급 대에 성적을 받고 있는 상황이라면 목표와 전략은 달라져야 합니다. 희망 대학을 서울권 대학으로 목표를 설정하고, 학교보다는 전공에 주목하여 학과를 선택하여 진학하는 것을 목표로 하는 것이 바람직합니다.

우리 아이의 학업 역량은 어느 정도일까?

아이의 성적을 최대한 객관화 시켜보세요. 최대치로 공부해서 내신 2등급을 겨우 유지하는 학생에게 더 높은 성적을 끌어올리라고 하는 전략은 오히려 독이 될 수 있습니다. 그러므로 내신에서 2등급 수준에서 갈 수 있는 대학을 찾아보는 쪽이 현명합니다. 2등급 대에서 상위 10개 대학을 갈 수 있는 전략을 수립해야 합니다. 이 경우 전문적인 입시 컨설팅을 받아보는 것이 좋습니다.

아이를 위해 엄마가 지원할 수 있는 경제적 여건과 엄마의 열정은…

매달 가정에서 사용하는 생활비 중 우리 아이에게 무리 없이 지원해 줄 수 있는 교육비 규모를 미리 정해 두시기를 권합니다. 어떠한 상황에서도 학부모 입장에서 무리가 될 수 있는 수준의 교육비를 지원하는 것은 바람직하지 않습니다. 지원 규모가 큰 만큼 부모님은 아이에게 기대하는 바가 많아질 것이며, 그만큼의 결과가 돌아오지 않을 때 실망감이 크실 수 있습니다.

아이들에게도 엄마가 가계 지출의 어느 정도의 비율로 교육비를 지원하고 있는 지를 알려주는 것도 도움이 될 수 있습니다. 그렇게 될 때 아이역시 한정된 교육비를 잘 사용해야 한다는 생각을 하게 될 겁니다. 경제적 여건과 엄마의 열정, 체력까지 모두 고려된 결정만이 아이와 엄마가모두 지치지 않고 지속 가능한 입시 전략을 세울 수 있게 됩니다.

엄마가 아이에게 기대하는 입시의 목표는?

여기서 말하는 엄마가 기대하는 입시 목표는 솔직한 욕심을 의미합니다. 실제 학부모 양측 모두 명문대를 졸업한 경우로 출신학교가 사회생활에서 중요한 의미가 있다고 생각한다면 자녀가 중학교 진학 전부터전략을 세우셔야 합니다. 이에 따라 우리 아이를 최상위권 대학에 진학시키기 위해 언제부터 어느 정도의 성적까지 도달할 때까지 어떻게 지원하겠다는 대책도 마련되어야 합니다.

만약 우리 아이가 대학 진학을 하지 않겠다고 한다면?

아이가 대학에 진학하지 않겠다고 한다고 해서 순순히 받아들일 엄마는 없습니다. 무슨 일이 있어도, 대학을 보내야 한다고 생각한다면 아이를 어떻게 설득할 것인지, 또 어느 대학, 어느 학과를 선택할 수 있도록 도울 것인지도 고려해야 합니다. 한걸음 더 나아가 대학 졸업 후 전공을 살리지 못할 가능성까지 미리 염두에 두고, 적성에 맞는 일을 찾을 수 있는 기회를 계속 제공하겠다는 마음가짐 역시 엄마표 입시의 연장선일 수 있습니다.

이 밖에 많은 질문과 답변의 예시가 있을 수 있습니다. 스스로에게 던지는 질문과 답변이 많을수록 엄마표 입시 전략은 더욱 구체적이고 명확해질 것입니다. 물론 각 가정마다 학부모의 가치관, 경제적 여건, 아이의 학업 성취도 등 다양한 조건과 상황이 있을 수 있습니다. 이에 따라 입시 전략을 세우는 과정과 시기를 일반화하기는 매우 어렵습니다. 그럼에도 불구하고 다양한 질문과 답변을 만드는 과정이 필요한 이유가 있습니다. 엄마표 입시를 성공시킬 수 있는 핵심 조건이 이 과정에 숨어있기 때문입니다. 아이를 키우는 과정 속에서 엄마가 만들어 내는 수없이 많은 질문과 많은 고민 끝에 답을 찾는 과정을 반드시 거쳐 나가셔야 합니다. 무수히 쌓여가는 질문과 답변 속에서 아이의 입시 과정에 숨어있는 리스크를 최소화시킬 수 있는 해법을 찾을 수 있습니다.

엄마표 입시를 성공시키기 위한
핵심 키워드

》 진로

아이의 진로를 고민하지 않는 부모는 없습니다. 급변하는 트렌드에 따라 직업의 인기 순위도 변화하고 있고 새로운 직업이 꾸준히 생겨납니다. 평생 직업이라는 말이 사라진 지금 이제는 직업을 떠나 아이의 진로를 찾아 주시길 권합니다. 결국 진로는 아이가 좋아하고 잘하는 걸 찾아주는 것이 핵심입니다. 진로 계발이야말로 입시를 위해 엄마가 지원해야 할 첫 번째 솔루션입니다.

》 태도

성적이 탁월한 아이라 하더라도 삶을 대하는 자세, 학업을 대하는 태도가 올바르지 못하면 결론적으로 '밑빠진 독에 물 붓기'가 될 수 있습니다. 요즘 아이들은 풍족한 환경 속에서 부족함 없이 자라는 경우가 대부분입니다. 그만큼 지구력도 부족하고, 흔히 말하는 악착같은 근성도 예전의 학생들과 사뭇 다릅니다. 자신에게 주어진 미션을 악착같이 해내고, 모든 일에 진심을 다해 최선을 다할 수 있는 태도야말로 조기교육이 필요하다고 할 수 있습니다. 학업을 대하는 아이의 태도를 바르게 길러

낼 수 있는 사람은 엄마밖에 없습니다.

》 학업 성과

자신만의 목표가 설정하고 그에 적합한 학업 성과를 이뤄내는 과정이 입시의 핵심이라고 흔히 이야기합니다. 단순한 진리이지만 긴 시간 지속적으로 유지해야 하는 가장 어렵고, 까다로운 과정입니다. 과목별로 아이가 보여주는 성과도 각기 다르며, 시기별로 성과의 발전 속도 역시 큰 차이를 보입니다. 이 부분이야말로 엄마가 컨트롤 타워가 되어, 아이에게 가장 적합한 전문가들을 찾아내고 연결하는데 집중해 주셔야 합니다.

물론 아이에 따라 자기 주도 학습이 뛰어난 경우도 있습니다. 그러나 대부분의 아이들이 이에 해당되지 않는다는 사실도 우리 모두 잘 알고 있습니다. 아이에게 꼭 맞는 선생님과 학습 프로그램을 매칭할 수 있는 능력도 길러내셔야 합니다. 아이가 보여주는 학업성과는 엄마표 입시의 성공 여부를 좌우하는 척도가 될 수 있습니다.

"엄마, 나 잘 할 수 있을까?"

　일등부터 꼴찌까지. 모든 수험생은 내가 잘할 수 있을까 하는 걱정과 불안에 시달립니다. "잘 할 수 있을까?"라는 물음에 대한 정답은 오직 한 가지. "넌 잘할 수 있어!"입니다. 아이를 응원할 수 있는 엄마가 되기 위해서는 엄마의 감정이 흔들리지 않아야 합니다. 엄마가 먼저 지치지 않으셔야 합니다.

　아이와 함께하는 20년이 절대 짧지 않고, 절대 쉽지 않습니다. 아이와 엄마는 '따로 또 같이'의 작전으로 지속적으로 꾸준히 올바른 방향으로 나아간다면, 반드시 성공할 수 있습니다. 엄마표 입시가 성공할 때까지 엄마가 먼저 지치지 않는 열정과 뚝심을 가지셔야 합니다.

우리 아이들의 발전 속도

"어느 날 기대치보다 높은 성적을 가지고 온 우리 자녀의 모습을 보면,
세상을 다 얻은 것처럼 행복하고, 어떤 날은 말도 안 되는 성적표를 받
아온 아이를 보며, 세상을 잃은 것처럼 힘들어하십니다. 이렇게 우리 아
이의 성적에 일희일비하는 나라는 엄마 괜찮은 걸까요?"

정말 많은 엄마들이 하시는 말씀입니다.
결론부터 말씀드리자면, 안 괜찮으십니다.

아이의 성적이 엄마의 성적인 것처럼 생각하시는 학부모님들이 많이 계
십니다. 저 또한 제 아이에게 그러지 않을 거라고 장담 못 드리겠습니다.

며칠 전 고3 6월 모의고사가 있었습니다. 고3 6평은 너무나 중요한 시
험이라는 사실은 아시리라 믿고 긴 설명 안 드리겠습니다.
그렇다면 지금 가장 절박한 고3 엄마들의 시험 결과에 대한 반응은 어
땠을까요?

대부분의 학부모님들은 이제 완벽하게 아이의 현실을 직시하고, 그에 맞는 대책과 대안을 마련하고 계십니다.(훌륭하십니다. 그만큼 키워보셨기에 이 내공이 가능한 거겠지요.)

그런데 여기서 가끔, 어머님이 먼저 지치셔서 망연자실하고 입시 자체를 포기하시는 경우도 있습니다. 저는 이 경우를 가장 속상하게 생각합니다.

아이가 지쳐있으면 오히려 엄마는 마지막으로 최선을 다해주셔야 한다고 생각합니다. 아이들의 인생은 이제 겨우 19년을 지나왔고, 아직 많은 기회가 있습니다. 다만 잠깐 이 시기에 방황하고 힘들어한다고, 자신의 자녀를 포기하시면 안 되지요. 아이가 힘들어하고 방황할수록 엄마가 정신을 번쩍 차리고 최선의 상황으로 나아갈 수 있도록 집중해 주셔야 한다고 생각합니다.

엄마가 힘에 부쳐서 도저히 못하겠다고 하면, 저희 같은 전문가들을 불러내서 아이 옆에 붙여 주세요. 그 또한 엄마의 노력입니다.

From 김하나 원장 드림 (22.06.01)

입시 상담의 첫 단계, 마음열기

입시 컨설팅은
학생과 학부모의 페이스메이커

입시 컨설팅의 전문가는 어떤 역할을 할까요? 입시 시즌에는 합격할 수 있는 대학을 선정해 합격 가능성을 높이고, 평소에는 학생의 학교생활기록부 관리와 동아리 활동, 독서 목록과 세부 특기사항, 수행과제 등 종합적인 스펙을 만들어 주는 역할을 할 것이라 생각하시는 분들이 많습니다.

심지어 어떤 학원에서 무슨 수업을 들어야 할지 알려주고, 학원의 진도를 확인하는가 하면 학생의 멘탈까지 관리한다는 이야기도 종종 듣습니다.

학원을 운영하면서 현장에서 느낀 바는 조금 다릅니다. 학생과의 유대감을 기반으로 학부모와 학생을 함께 아우를 수 있는 협의체를 만드는 것, 이것이 진정한 입시 컨설팅 전문가의 영역이라고 생각입니다. 그래서 저는 학생들이 학교 또는 학원 생활 가운데 공부 이외의 영역에서 드러나는 심리적 문제들까지도 학부모님들과 공유하고자 하는 편입니다.

절대 진리가 없는 대학입시의 현장에서 학생들의 장단점을 파악하여 일찌감치 아이 스스로 본인의 미래를 설계하고, 자기 주도 학습을 통해 좋은 성적을 내는 것이 제 컨설팅의 목표입니다. 이를 위해서는 학부모님이 학원에 학생을 위임하는 것도, 일방적으로 의존하는 것도, 공부만 돕는 것도 바람직하지 않습니다. 믿고 맡겨야 할 때, 함께 의논해야 할 때의 적절함을 유지하는 것이 좋습니다. 저의 이런 마음을 편지에 담기 시작했습니다.

매주 월요일 학부모님들께 간단한 편지를 보내고 있습니다. 2021년 여름방학을 앞두고 학교 내신 시험과 전국 모의고사 결과를 기다리면서 학부모님들께 보낸 편지의 내용입니다.

지금 이 시기는 부모님과 자녀의 많은 대화가 필요한 시점이라고 할 수 있습니다.

학생들의 속사정 등을 끌어내는 대화를 가정에서 해주시길 바랍니다. 넘겨짚기보다는, 들어주시길 부탁드립니다. 간혹 몇 명의 부모님들은 자기 자녀를 많이 알고 있다고 생각하실 수 있습니다. 그러나 우리 학생들은 현재 유년기적 자아에서 성인의 자아를 형성하는 과정 속에 있습니다. 그러하니 그전과 전혀 다른 양상이 나타날 수 있다는 것을 유념해 주시고, 학생들의 현 상황을 상태를 함부로 속단하지 마시고, 자녀의 이야기에 귀 기울여 주세요.

학생들과 대화를 하실 때에는 좋은 질문을 준비해 주세요. 그래야 좋은 답을 얻으실 수 있습니다. 한 학기의 마무리에는 늘 아쉬움이 남기 마련입니다. 우리 학생들은 자신이 잘 한 것보다는 못 한 사실에 집중할 가능성이 매우 큽니다. 그래서 이 시기는 학생들의 자존감이 낮아지지 않도록 신경 써야 합니다.

또 시험을 너무 잘 봐서 자신감이 넘쳐흘러 부작용이 나타날 수도 있습니다. 학생마다 자신에게 맞는 적정한 균형을 잡을 수 있도록 세심하게 개별 성향에 맞춰 지도하도록 노력해야겠습니다.

- 2021. 07. 02 기말고사 후

생각보다 아이들은 학원에서 많은 이야기를 합니다. 상담실에서 자연스럽게 일상 이야기를 나누기도 하고 어디서도 꺼내놓지 못한 고민을 드러내기도 합니다. 실제 제가 상담실에서 만난 아이들은 부모님들의 생각만큼 어리지 않습니다.

고등학교 입시 환경 속에서 학생들은 생각보다 많이 힘들어합니다. 성적에 늘 예민해져 있을 수밖에 없으며, 시험을 볼 때마다 희비가 교차합니다. 상황이 이렇다 보니 자신을 지지해 주고 응원해 주는 학원의 선생님들과 힘든 과정을 동행하면서 자연스럽게 유대감이 생기는 것 같습니다.

입시를 앞둔 아이들의 고민은 이러합니다.
그중에 몇 가지 예를 보여드리겠습니다.

 선생님 제가 무엇을 하고 싶어 하는지 모르겠어요,

 (고1) 첫 중간고사 망했어요, 전 정시로 갈래요,

 (고3) 3월 모의고사 보고 나니 맘이 변했어요, 다른 전형으로 준비할래요,

 자연계열 미적으로는 성적이 안 올라요, 학종으로 바꿀래요,

 체대 가야겠어요, 체대 실기 준비해야 하니까, 영어랑 수학은....

왜 이럴까요?

그 이유는 간단합니다.

방법을 모르기 때문이죠. 아마도 자신의 편에서 도와줄 전문가를 만날 기회가 없었을 겁니다. 물론 학생들을 가장 잘 알고 있는 것은 당연히 해당 학생의 학부모입니다. 아이의 기질과 장단점부터 학습태도와 신체적 컨디션까지 100%를 알고 계시겠지요. 그러나 아이를 직접 지도하는 것은 또 다른 문제입니다.

만약 위와 같은 대답을 학부모님들이 아이로부터 직접 듣게 된다면 어떻게 반응하실까요? 1차적으로는 아이에게 이유를 묻거나 문제를 탐색하게 될 것입니다. 이어 믿고 맡겼던 학원을 찾아오시거나 상담을 하실 것입니다. 하지만 문제 해결이 쉽지 않다는 걸 알게 된다면 다시 아이에게 부메랑이 되어 다시 돌아갈 것입니다. "다른 애들은 잘하고 있는데, 너는 도대체…" 그렇게 놀란 마음을 쓸어내리고 각자 혼자 생각하게 됩니다.

아이는 아이대로 "내가 문제인가?"

엄마는 엄마대로 "내가 제대로 도와주지 못했나?"

흔한 결말입니다.

아이와 직접 이야기를 하기 어려우시다면 소통 창구를 만들어 보세요. 아이의 이야기를 들을 수 있고, 엄마에게 원하는 바가 무엇인지 전달해 줄 중재자가 필요합니다. 아이가 다니는 학원 중 적어도 한 곳, 신뢰할 수 있는 한 분의 선생님을 찾는 것. 진정한 컨설팅의 시작입니다.

입시 컨설팅의 시작은 마음 열기

여름방학이 끝나기 직전 학원에서 가장 관리하기 힘들었던 학생 3명을 데리고 등산을 한 적이 있습니다. 수시 지원서 작성을 앞두고 학원에서 여러 선생님들의 속을 썩이던 학생들이었습니다. 수려한 외모 덕분에 여학생들에게는 인기가 끊이지 않는 친구, 이와 달리 의지라고는 찾아볼 수 없는 무기력의 대명사, 그리고 나머지 한 명은 공부를 입으로 하는 별명이 '속 빈 강정'인 친구였습니다. 당장 공부할 마음조차 먹지 못한 학생들이었기에 과감하게 하루 수업을 빼고 등산을 결정했습니다. 산을 제법 잘 타는 2명의 학생과 달리 무기력한 친구는 육중한 몸무게로 걸음을 옮기는 것조차 힘들어 보였습니다. 그럼에도 불구하고 정상에서 해야 할 미션이 있었기에 셋은 한마음이 되었습니다.

'내가 원하는 대학에 갈 수 있다.'

    수락산 정상에서 준비한 목표카드를 들고 인증 사진을 찍는 미션을 주었습니다. 목표카드를 가방에 넣은 아이들은 학원에서와 달리 어느 때보다 강인한 의지를 보였고, 서로 격려하며 정상으로 향했습니다. 저는 이 친구들에게 자신을 이기는 법을 알려주고 싶었습니다. 2시간이면 정상까지 완주할 수 있는 거리였지만 힘들어하는 친구를 챙겨가며 4시간의 여정을 소화 해 냈습니다.

    등산을 마무리한 뒤, 저녁식사 자리에서 저도 모르게 먹먹해졌습니다. 학교나 학원은 물론 친구들과 자신들까지도 입시에 대한 불안을 가졌던 학생들이었지만 대학 갈 수 있다는 한 마디에 힘을 얻어 정상을 밟았던 아이들의 간절함이 느껴졌습니다. 비록 1년의 시간을 더 투자하고서야 대학에 진학할 수 있었지만 지금도 학원을 찾아와 그날 일을 추억하곤 합니다. 아이들이 포기한 것처럼 보이나요? 절대 그렇지 않습니다. 대학입시는 당사자인 아이들의 마음이 더욱 간절할 수 있습니다. 입시 컨설팅의 시작은 아이의 마음을 읽는 것부터 시작해야 합니다.

수험생 엄마가 공부해야 할 것은

대학입시 정보 + 우리 아이 공부

대학입시의 주체는 학생, 우리 아이입니다. 내 아이 인생의 첫 관문인 대학입시를 원하는 대로 합격이라는 성과를 얻고자 하는 엄마의 마음은 당연합니다.

하지만 입시를 치르는 당사자는 바로 아이입니다. 대학입시는 엄마의 정보력이 좌우한다는 말이 있지만 저는 여기에 한 가지를 더하고 싶습니다.

우리 아이의 장단점을 정확히 파악하고 아이의 마음을 읽는 아이에 대한 정보력이 추가될 때 시너지를 발휘한다는 사실입니다.

오늘은 아이와 마음을 읽는 엄마가 되어 보시길 권해 드립니다.

학부모 자 / 가 / 진 / 단

나는 우리 아이와 입시를 얼마나 알고 있을까?

◎ 입시 설명회에 정기적으로 참여하고 있다. □

◎ 입시 정보 카페에 가입되어 있다. □

◎ 학부모 단톡방에서 정보를 나누고 있다. □

◎ 입시 관련 유튜브를 구독하고 있다. □

◎ 수시는 학종이다. □

◎ 학생부의 장수가 많을수록 학종에서 유리하다. □

◎ 입시의 변수는 수학이다. □

◎ 정시는 무조건 하향이니 수시로 가야한다. □

◎ 학종을 준비하면 수능은 포기해도 된다. □

◎ 책을 많이 읽으면 논술이 유리하다. □

◎ 대교협 어디가를 자주 들어가 본 적이 있다. □

◎ 대학의 입학처 홈페이지에 들어가 본 적이 있다. □

◎ 고교학점제를 알고 있다. □

◎ 학종, 세특, 자동봉진, 학추 등의 뜻을 알고 있다. □

◎ 아이가 듣는 과목명을 정확히 알고 있다. □

◎ 아이와 함께 학생부를 보고 수정을 요청한 적이 있다. □

◎ 아이 학교의 홈페이지에 들어간다. □

◎ 아이의 성적을 보고 함께 이야기를 나눈 적이 있다. □

◎ 아이가 학교 선생님과 언제 상담을 했는지 알고 있다. □

◎ 아이가 학교에서 입시지도를 제대로 받고 있는지 여부를 알고 있다. □

이상의 문항에 굳이 정답을 따지거나 점수를 계산할 필요는 없습니다.
있는 그대로 스스로를 진단하면 됩니다.
불안해할 필요도, 아는 문항이 많다고 해서 자신만만할 이유가 없습니다.
다만 우리 아이에 대한 관심, 우리 아이의 입시에 관한 나의 관심을 되짚어 보시면 됩니다.

첫 번째 문단의 질문은 대입에 관한 관심도,
두 번째 문단은 입시에서 일반화해서는 안 될 입시의 중요한 이슈들
세 번째 문단은 엄마 스스로 대입에 대한 지식의 정도,
마지막 문단은 우리 아이에 대해 엄마가 얼마나 알고 있는가에 대해
스스로 판단해 보는 시간이면 충분합니다.

대입에 정답은 없지만, 엄마가 입시를 알아야 정확한 진단도, 필요한 대책도, 원하는 결과도 얻을 수 있습니다.

대한민국 교육 1번지 대치동이 정답일까?

자, 지금부터는 어떻게 대학에 갈 수 있는지 실제 사례를 다루고자 합니다. 입시의 정도가 될 수도 있고, 시행착오를 줄일 수 있는 기회가 될 수도 있습니다.

K군은 사립 초등학교 재학 당시 영재라는 소리를 듣던 전형적인 모범생으로 이른바 엄친아였습니다. 세계 청소년 올림피아드 본선 진출하여 세계 16위의 쾌거를 달성한 천재로 불리는 소년이었습니다. 제가 K군을 처음 만났을 때는 중학교 1학년 때였으며 반짝반짝 빛나는 얼굴과 눈빛이 여전히 기억에 남아 있습니다.

천재가
둔재로 바뀌는 순간

당시 여러 가지의 이유로 국제중 입학을 포기한 K군은 일반중학교에 진학하게 됩니다. 초등학교까지 부모님의 부족함 없는 지원과 사립 초등학교의 전폭적인 지지를 받았던 환경에 비해 내신 관리 이외 평범했던 일반중학교의 환경을 매우 낯설어했습니다. 또한 이미 선행이 고교 수준으로 앞서 있었고, 특기가 다양했던 상황에서 학교 수업에서 흥미를 느끼지 못했습니다. 교과 관리만 해도 전교 1등을 놓치지 않을 수준에도 불구하고 K군은 공부와 멀어지기 시작했습니다. 조금만 공부해도 항상 전교 1등을 유지할 것이라는 선생님과 부모님의 기대와 달리 점차 학업에 대한 열의와 흥미가 떨어지기 시작했습니다.

일반중에서 잃어버린 학구열
자사고에서 다시 길을 잃다

중학교 3학년이 되던 해, K군의 어머니는 특단의 결정을 내렸습니다. 과학고 진학을 결심했습니다. 3월부터 입학 전형 일정이 예정되어 있어 시기에 맞춰 서류 준비에 박차를 가하고 자기소개서와 추천서도 준비했습니다.

올림피아드 출신인 K군은 과거의 영광을 되찾고 싶었지만 이미 중학교 진학 후 관리되지 못한 성적이 발목을 잡았습니다. 중학교 수학과 과학의 내신 성적이 다른 지원자들에 비해 경쟁력이 크게 떨어졌고, 과학고 지원자들이 갖춘 평균적인 역량도, 이렇다 할 활동도 부족했습니다. 결국 과학고 입시에서 중요한 변수가 되는 자기소개서를 통해 보완하려 했지만 한계가 있었습니다. 과거의 영예로 과학고에 진학하기란 일반중학교에서 잃어버린 시간들을 회복하기 어려웠습니다.

K군의 차선책은 전국 단위 자사고였습니다. 자사고는 내신 경쟁력을 배제할 수 없습니다. 우수한 학생끼리 경쟁을 해야 하는 상황에서 변별력을 높이기 위해 시험은 어렵고 원점수가 현저히 떨어지는 경우가 많습니다. 자사고가 '내신 자살고'라는 말이 나오는 이유가 여기에 있습니다.

심지어 K군은 중학교 때 흐트러진 학업 습관도 문제가 되었습니다. 내신 관리가 어려워 수시가 불리해 지자, K군은 고3 때부터 의대를 목표로 정시로 준비하게 됩니다. 그나마 정시를 준비하는 환경은 자사고가 큰 도움이 되었습니다. 반면 의대를 목표로 한 정시 역시 좀처럼 성적이 오르지 않았습니다. 결국 K군은 대치동에서 다시 입시에 도전해 보기로 결심합니다.

삼수를 위해 선택한 대치동
목표가 없으면 독(毒)이 된다

대치동이 좋은 교육 인프라를 형성하고 있는 건 분명합니다. 최고 수준의 강사들과 학원들이 밀집되어 있습니다. 그만큼 내부의 경쟁도 치열하며, 다른 지역에 비해 교육비 부담이 월등히 높습니다. 대치동은 시스템에 순응하기에는 편리하지만 반대로 수동적으로 좋은 학원, 많은 학원을 다닌 아이들은 자기 주도성을 상실하고 의존적 교육에 익숙해진다는 문제가 있습니다.

K군 역시 그랬습니다. 재수를 결정하고 대치동에 입성하면서 자신의 공부습관은 물론 재수에 대한 계획까지 모든 것이 흔들리기 시작했습니다. 정확하게 표현하자면 '휘둘렸다'는 표현이 맞는 듯합니다. 대형 학원의 스타 강사 단과 수업을 진행하였음에도 불구하고 성적이 오르지 않자 4점짜리 한 문제라도 더 맞추기 위해 고가의 과외와 특강도 받았습니다. 대기를 감수하며 고군분투했던 K군은 나름 최선을 다했습니다. 2년에 걸친 도전 끝에 목표했던 의대 대신 한의대 진학에 성공했습니다.

K의 삼수 과정에는 두 가지의 시사점이 있습니다.

첫째, 진로 선택의 주체가 누구여야 하는가의 문제였습니다. K군이 한의대를 진학한 가장 큰 이유는 성적이었습니다. 지방대

의대는 선택하기에는 부족했고, 서울의 이공계열은 고려해 본 적이 없습니다. 부모님의 바람에 따라 학생은 진로 탐색의 기회도 없이 맹목적으로 의대를 목표로 잡았습니다. '의치한'이라는 이름으로 의학계열 도전을 공공연하게 강조하는 대치동의 분위기 역시 학생들의 진로 고민을 방해하는 요인이 되기도 합니다.

둘째, 자기 주도성의 상실입니다. 대치동에는 좋은 학원은 많습니다. 좋은 강사도 많습니다. 중요한 것은 아이에게 맞는 학원과 강사이며, 이보다 더욱 중요한 것은 아이 스스로 자신의 공부 계획을 점검할 수 있어야 한다는 점입니다. 자신의 공부를 확인하고 점검할 시간도 없이 떠밀리듯 강의실을 옮겨 다니는 과정의 연속입니다. 학생 입장에서 오히려 독이 될 수 있습니다.

무엇이 정답인지 더욱 어려워지는 순간입니다. 성공한 입시는 한 가지의 정해진 길에서 찾을 수 없습니다. 또한 최고 수준의 학원, 유명한 일타 강사에게서 얻을 수도 없습니다. 우리 아이를 위한 최고의 교육 환경은 우리 아이에게 맞는 학원, 우리 아이의 특성을 이해하고 가르치는 선생님이라는 사실을 K군을 통해 다시 한번 확인하게 되었습니다.

맹목적인 대치동 교육이 정답일까요?

S고 진학 현황(2022년 5월)

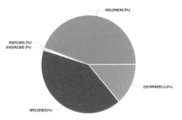

S여고 진학 현황(2021년 5월)

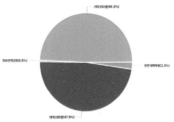

(단위: 명, %)

구분	졸업자	진학자						취업자	기타
		전문대학	대학교	국외진학			계		
				전문대학	대학교	소계			
남	141	24	52	0	1	1	77	0	64
여	149	16	67	0	0	0	83	1	65
합계	290	40	119	0	1	1	160	1	129
비율		13.8	41	0	0.3	0.3	55.2	0.3	44.5

(단위: 명, %)

구분	졸업자	진학자						취업자	기타
		전문대학	대학교	국외진학			계		
				전문대학	대학교	소계			
남	0	0	0	0	0	0	0	0	0
여	388	9	186	0	2	2	197	0	191
합계	388	9	186	0	2	2	197	0	191
비율		2.3	47.9	0	0.5	0.5	50.8	0	49.2

대치동의 유명한 남고와 여고의 진학 현황입니다.

대학 진학률이 50%를 넘지 못합니다. 이유가 어디에 있을까요?

대치동의 학원 환경이 우수하다는데 이견이 없습니다. 단, 우리 학생에게 어떤 학원과 강사를 매칭해 줄지에 대해서는 치밀한 사전 계획과 작전이 필요합니다. 이런 부분에 어려움을 느끼신다면, 이것 역시 전문가에게 상담하시기를 권해봅니다.

단, 대치동에 주소를 두고 있는 전문 컨설턴트는 피하십시오. 학생 개개인에게 맞는 컨설팅보다는, 대치 교육 프로그램에 끼워 맞추기 식의 컨설팅이 진행될 가능성이 농후합니다.

외고 하위권을 건져 올린
논술 전형

특목고 입학
또 다른 시련의 시작

경기권 유명 외고에 다니는 A양은 분명히 성적이 좋은 상위권 학생이었습니다. 고등학교 2학년 때 처음 국어 수업을 등록한 학생이었습니다. 고2까지만 해도 내신도 놓칠 수 없다는 압박 때문에 많이 힘들었습니다. 중학교 때 늘 전교권의 우수한 성적을 자랑했던 아이들이 모여 있는 특목고 특성상 기대하는 내신등급을 잘 받는다는 것은 여간 어려운 일이 아닙니다. A양 역시 자신이 늘 최고라고 생각했던 자존감은 고1 첫 중간고사에 곧 무너져 내립니다. 학원에서 A양을 담당한 담당 선생님은 성적보다 학생의 자존감을 회복하게 하는 일부터 시작했습니다.

"아무리 노력해도 넘지 못하는 산이 있는 것 같아요"

처음 느껴본 감정이라며 담당 선생님에게 말하며, 펑펑 울었다고 합니다. 그렇게 마음이 다칠 대로 다친 상태에서 A양은 지푸라기라도 잡고 싶은 심정으로 3학년 논술 수업에 참여합니다.

A양을 위한 첫 번째 솔루션

 "너는 정말 공부를 잘하는 학생이 맞아, 내신이 아니라 지금부터는 모의고사 성적으로 증명해 보자."

괜찮아. 너는 아주 잘하고 있어. 라는 응원

아주 중요한 솔루션입니다. 학생들의 성적을 가지고 진단을 할 때는 내신과 모의고사를 분리해서 생각할 수 있어야 합니다. 지역 일반 인문계고 학생이 내신이 최상위권이라면, 거꾸로 모의고사 성적을 통해 객관화 시킬 필요가 있습니다. 내신은 1등급이나 모의고사에서 2~3급대라면 학교 내 우등생, 즉 우물 안의 개구리에 그칠 수 있습니다. 이에 반해 A양의 사례는 내신은 4~5등급이나 모의고사는 2등급 수준이었습니다.

"모의고사 등급, 이게 네 실력이야."

지속적으로 자존감을 세워주면서 유리한 전형을 찾기로 했습니다. 그리고 그에 따라 학습 계획도 컨설팅 했습니다. 내신기간도 모의고사에 집중하면서 정시전형, 수능에 집중할 수 있도록 지도했습니다. 상당히 과감한 결정이었습니다. 때로는 과감한 선택과 집중이 필요합니다. 내신이라는 지협적인 문제로 시간을 낭비하지 않는 대신 수능에 집중하기로 한 솔루션에 학생도 자신감을 얻었고, 오히려 이전보다 학업 능률도 올랐습니다.

바로 여기서 중요한 포인트를 발견할 수 있습니다. 입시에 있어 왜 전문가가 필요한지, 판단이 되셨으리라 생각합니다. A양은 담당 선생님과 환상의 호흡으로 서로 신뢰를 쌓아갔습니다. 덕분에 모의고사 1등급. 당연히 내신 성적 향상까지 순차적으로 끌어올렸습니다.

고3, 입시의 기로에서 정시 or 수시

A양처럼 특목고 학생들은 내신으로 SKY를 갈 수 없다는 결정

을 보통 고3이 되는 겨울 방학 무렵 하게 됩니다. 특히 특목고나 자사고에 다니는 학생들은 대부분 정시에 올인하게 되는 시기라고도 할 수 있습니다. 그렇다고 해서 재학생이 수시를 포기하라는 이야기가 아닙니다. 수시 전형은 재수생에 비해 재학생이 유리한 편이며, 수시 전형의 기회는 안고 가면서 정시에 주안점을 두는 방향으로 기회를 분산시켜야 한다는 의미입니다. 이때 수시는 대부분 상향으로 지원합니다.

A양이 정시에 집중하기로 하면서 두 가지 전략을 세웠습니다. 당시 연세대 논술 전형이 신설되는 부분을 강력하게 어필하며, 고3 올라가는 겨울 방학부터 논술 전형에 대비하기 시작합니다. 대부분의 고3 국어 강사들은 논술 수업 지도의 경험이 있는 경우가 많습니다.

여기서 절대 간과해선 안 될 중요한 사실 한 가지가 있습니다. 논술의 경우, 학생의 성적과 성향을 잘 알고 있으면서 논술 지도 경험이 있는 강사가 논술을 권한다면 신뢰하셔도 된다는 전제가 필요합니다. 그 이유는 A양이 입시를 치른 21년 연세대 논술 기출문제를 보여주면서 설명해 드리겠습니다.

논술전형은 논리력과 글쓰기에 대한 기본기가 탄탄한 학생들이 아니라면 쉽게 도전하기 어려운 전형입니다.

[제시문 가]

마더의 실행은 우리에게 달려 있고, 그 점은 악덕도 마찬가지이다. 행하는 것이 우리에게 달려 있는 곳에서는 행하지 않는 것도 우리에게 달려 있으며, 거부하는 것이 우리에게 달려 있는 곳에서는 받아들이는 것도 우리에게 달려 있기 때문이다. 따라서 고매한 행위를 하는 것이 우리에게 달려 있다면 수치스러운 행위를 하지 않는 것도 우리에게 달려 있을 것이며, 고매한 행위를 하지 않는 것이 우리에게 달려 있다면 수치스러운 행위를 하는 것도 우리에게 달려 있다고 하겠다. 고매한 행위나 수치스러운 행위를 하고 안 하고가 우리에게 달려 있고 고매한 행위를 하는지 수치스러운 행위를 하는지가 좋음과 나쁨의 요체라면, 훌륭한 사람이 되는지 보잘것없는 사람이 되는지는 우리에게 달려 있다.

'세상에는 자발적으로 사악한 사람도 없고 비자발적으로 복 받는 사람도 없다'는 말은 일부는 틀리고 일부는 맞다. 복 받기를 원하지 않을 사람은 아무도 없지만, 사악함은 자발적이기 때문이다. 그렇지 않다면 우리는 방금 말한 것을 반박하며 인간이 자기 행위의 제1 원리임을, 또는 자식을 낳듯 자기 행위를 낳는 자임을 부인해야 할 것이다. 그러나 사실이 분명 그렇고 우리가 우리 안에 있는 제1 원리들을 넘어 다른 제1 원리로 거슬러 올라갈 수 없다면, 제1 원리가 우리 안에 있는 행위들 역시 우리에게 달려 있으므로 자발적인 것이다.

[제시문 다]

The fact that people can change their selves and cultures does not mean that they do so readily. A major obstacle is that many people don't even realize that they have cultures. They think that they are standard, normal, natural, and neutral. It's all those other annoying people who let cultures bias their ability to perceive the world as it actually is. This line of thinking is especially widespread in middle-class European-American culture, where the independent I is thought to be a self-made self. Consequently, middle-class European Americans often ignore social forces when explaining why people do the things they do, and instead focus on people's internal traits, talents, and preferences. Psychologists Michael Morris and Kaiping Peng tracked two dramatically different styles in English- and Chinese-language newspapers' reporting on two mass murderers: Gang Lu, a Chinese graduate student in physics at the University of Iowa who killed his adviser, several colleagues, and himself after he lost an award competition; and Thomas McIlvane, an American postal worker who shot his supervisor, several bystanders, and himself after he lost his job in Royal Oak, Michigan. The New York Times and the World Journal (a Chinese-language newspaper published in New York) covered both tragedies, but told very different stories. American reporters spilled more ink describing Lu as a "darkly disturbed man" with a "bad temper" and a "sinister" edge, and attributing McIlvane's crime to his "short fuse," mental instability, and other personal qualities. In contrast, Chinese reporters dedicated more column inches to situational factors. For Lu, it was the bad relationship with his adviser, the lack of religion in Chinese culture, and the availability of guns in American society that drove him to kill. For McIlvane, tensions with his supervisor, the example of other mass

[제시문 나]

성별에 따라 달라지는 전공과 진로의 '선택'이 과연 사회적 차별과 무관할 수 있을까? 여성으로서 어떤 전공이 취업에 유리할지, 결혼을 하고 자녀를 양육하게 되어도 일을 계속하기 위해서는 어떤 직업이 좋을지 등의 선택은 이미 노동시장과 사회 전반의 차별을 전제로 이루어진다. 여성뿐만이 아니다. 장애인, 성소수자, 이주민 등 이미 자신이 가지고 있는 불리한 조건을 인식하는 사람들은 그 조건에 맞추어 행동한다.

그리고 아이러니하게도 그 결과는 차별적인 상태를 계속 유지하는 방향으로 작동한다. 직업시장이 성별에 따라 분리되면 여성에게 이로워 보이기도 하지만, 상대적으로 임금이 낮아지는 현상은 계속된다. 노동의 가치에 대한 평가는 사회 전반의 성차별 의식 그리고 정치적 영향력과 무관하지 않다. 여성이 많은 직업은 여성이 많다는 바로 그 이유 때문에 노동의 가치를 충분히 인정받지 못하는 경향이 있다.

이는 '동일노동 동일임금'의 원칙으로도 해결되지 되는 현상이다. 여성이 남성과 같은 일을 하면서 남성보다 적은 임금을 받는 상황은 직관적으로도 부당한 차별로 여겨진다. 하지만 여성이 애초에 임금이 낮은 직종에 진출하는 상황은 다르다. 어떤 언어로 여성이 자신들에게 불리한 노동시장으로 자발적으로 진입한 셈이 되었으니, 여성이 스스로 책임져야 할 문제라고 말하는 사람도 있을 것이다.

[제시문 라]

사람들은 흔히 비만이 유전적으로 결정된다고 믿는다. 물론 유전자는 개인이 얼마나 과체중이 되기 쉬운지를 설명하는 데 중요한 역할을 한다. 하지만 많은 나라에서 비만이 갑자기 증가했다는 사실은 유전적인 요소만으로는 설명되지 않는다. '창궐'이라고 표현할 만큼 급격히 확산된 비만의 원인을 삶의 방식이 바뀐 데에서 찾는다. 사람들은 식료품 가격의 하락, 열량 높은 음식의 보급, 패스트푸드 식당의 확산, 요리 시간의 단축 등을 비만의 이유로 꼽는다. 때로는 부족한 육체적 활동, 자동차 시대의 증가, 학교 체육 수업의 감소 등을 비만율 증가의 원인으로 주목된다. 이러한 점들을 감안하면, 현대인들은 비만이 될 수밖에 없는 것 같다. 만약 우리가 다른 이유를 찾을 수 있다면, 식료품과 자동차 구매에 유리한 부유한 계층에서 과체중인 사람들이 더 많고, 부유한 나라일수록 비만 인구의 비율이 높으리라 예측할 수도 있겠다.

하지만 현실은 그렇지 않다. 한 국제연구기관은 심혈관 질환 및 비만을 포함한 위험요소의 경향을 관찰하기 위하여 50개 국가를 대상으로 연구를 시행하였다. 이 연구는 비만율이 여러 사회적 지표들과 상관관계가 있다는 사실을 보여주었다. 주요한 결과로 소득 불평등이 심한 국가들에서 높은 정도의 비만율이 나타났다. 그러나 개별 국가의 국민 1인당 소득 수준과 비만율은 상관관계가 없었다. 구체적으로 미국의 경우 국민 1인당 소득 수준은 높았지만, 불평등도가 높게 나타났고 이는 높은 비만율로 이어졌다. 반면, 덴마크와 같은 북유럽 국가들의 경우 국민 1인당 소득 수준은 높았지만, 소득 불평등도는 낮았으며 이는 낮은 비만율로 이어졌다. 이 연구에 따르면, 부유한 사회라고 해서 비만율이 항상 높게 나타나는 것은 아니며, 오히려 비만율은 소득 불평등에 기인한다고 볼 수 있다.

문제 1-1

[제시문 가]와 [제시문 나]를 책임소재의 관점에서 분석하고, [제시문 나]의 입장에서 [제시문 가]의 주장을 비판하시오. (600자 안팎, 25점)

문제 1-2

[제시문 라]의 주장을 분석하고, 그 분석 결과를 바탕으로 [제시문 다]에 나타난 두 신문의 책임소재를 다루는 관점을 평가하시오. (600자 안팎, 25점)

학교 측은 출제 의도를 두 가지로 밝혔습니다.

첫째, 고등학교 교육과정과 연계된 다면 사고형 논술을 통해 응시자의 종합적인 사고능력을 평가했다는 것입니다.

둘째, 고교 교육과정을 착실히 이행한 응시자라면 자주 경험했을 만한 내용과 형식의 지문들로 제시문을 구성했다고 밝혔습니다.

<제시문 가>는 아리스토텔레스의 「니코마코스 윤리학」 3권 도덕적 책임을 발췌해 출제의도에 맞게 수정했고, <제시문 나>는 김지혜의 「선량한 차별주의자」의 일부 내용을 편집했습니다. <제시문 다>는 영어 지문이 포함되었으며, <제시문 라>는 교양 서적의 일부를 수정하였습니다. 주어진 제시문의 난이도 역시 상당히 높은 수준입니다.

논술 문제는 제시문들의 연관성을 이해하고 관점의 차이와 장단점을 파악하여 자신의 생각을 표현할 수 있어야 합니다. 또한 제시문에서 서술한 조사 결과와 언어가 다른 두 제시문의 관점을 비교해야 하는 복합적인 과제를 서술해야 합니다.

기출문제에서 확인할 수 있듯이, 논술전형은 단기간 논술을 준비하여 합격을 장담할 수 있는 전형이 아닙니다. 이러한 이유로 논술은 입시 전문가 입장에서 쉽게 권할 수 있는 전형이 아님니다. 하지만 강사가 학생의 가능성을 인지하고 권한다면, 망설임 없이 도전해 볼 수 있는 전형이기도 합니다.

B양에게 담당 강사가 논술전형을 권했던 이유가 있습니다. 해당 학생은 외고 재학 중인 학생으로 이미 고입 과정에서도 독서와 논술, 기초 학력을 검증받은 상태였습니다. 또한 학교생활 중에도 다양한 비교과 활동을 통해 글쓰기와 독서, 토론 활동이 뒷받침되어 있었다는 점 역시 논술전형을 준비할 수 있는 여건이 되었습니다. 90점도 6등급이 될 수 있는 치열한 특목고 내신 속에서, 수시로 대학을 갈 수 있는 유일한 전형이 논술전형입니다. 논술전형은 학생을 끌고 나갈 수 있는 전문가가 연계되었을 때, 성공적인 결과를 얻을 수 있다는 사실을 B양의 사례로 확인할 수 있습니다. 이처럼 특목고 내신이 불리한 학생이라면 논술전형을 고려해야 할 것이고, 우리 아이에게 맞는 전문가를 찾는 것이 급선무입니다.

상위권 대학의 논술전형을 도전하기 위해서는 탄탄한 실력이 갖춰있어야 합니다. 그리고 그 실력은 학생을 지켜본 강사가 가장 정확하게 알 수 있습니다. 논술전형 준비과정에서 수시에 대한 목표가 뚜렷하게 잡힌 A양은 1학기 내신과 수능 당일까지 흔들림 없이 자신의 입시 전략을 수행할 수 있었습니다. 결과는 합격! 연세대 인문계열 학부에 당당히 합격하였습니다.

치열한 논술전형을
통과하는 법

수시모집의 논술전형은 인서울 대학 기준 평균 50대 1 수준으로 경쟁률이 매우 치열합니다. 학과별로도 경쟁률에 많은 차이가 나타나며, 해당 연도에 몰리는 경우가 있어서 치열한 눈치작전이 필요합니다. 원서접수 마지막 날 하는 편이 가장 좋으며, 실시간으로 경쟁률을 확인하고 지원하는 것이 불문율입니다.

상황이 이렇다 보니 A양의 원서접수에도 지도했던 강사가 함께 했습니다. 엄마 입장에서 세심하게 챙겨줄 수 있다면 가장 좋은 방법입니다. 하지만 여건상 어렵다면 과감하게 전문가의 도움을 받으실 것을 권합니다. 여기서 전문가는 강사 혹은 입시상담 선생님의 실력순도, 경력과 유명세도 아닙니다. 기억하셔야 할 점은 우리 아이의 특성과 성적을 가장 잘 파악하고 있는 사람이라는 점입니다.

★ 22년 대입부터 확대되고 있는 학교장 추천 전형을 주목하세요!

지방대(지방 거점대학, 국립대)의 지역 인재 전형이 생겨났습니다. 학교장 추천전형은 수도권 주요 대학에서 시행되고 있으며 합격률이 높은 전형이라는 점도 눈여겨보셔야 합니다.

★ 비면접 서류전형이 생겨나고 있습니다.

서울권 6개교에서 학생부종합전형 비면접 서류형 전형이 시행되었습니다.

성격상 수줍음이 많고, 자신의 의견을 발표하는데 익숙지 않은 학생들은 학생부 종합전형을 불편해하는 경우가 많습니다. 자녀가 혹시 이에 해당된다면 비면접 서류전형에 주목할 필요가 있습니다. 우리 아이에게 유리한 전형을 찾아내는 것 역시 중요한 경쟁력이 됩니다. 고등학생의 학부모님이라면 새롭게 생겨나는 전형이나 변경 사항에 대해서 관심을 가지고 있어야 합니다. 알려지지 않은 정책과 제도의 변화를 학생들이 직접 얻어 내기는 어렵습니다. 입시의 작은 변화를 엄마가 알고 있다면, 우리 아이 입시에 효과적으로 활용할 수 있습니다.

고입 실패에서 얻은
학종 올 킬의 비밀

중학교 때부터 1, 2등을 다투던 단짝 친구와 함께 자립형 사립고를 준비했던 P양은 고입 전형에서 예상과 달리 고배를 마셨습니다.

성적은 물론 교우관계나 학교 행사 등 모든 면에서 모범적이었고 교과도 치열하게 학습하며 성적 역시 최상위권을 유지했습니다. 그야말로 모범생 중 모범생이었으며 모든 선생님의 아낌없는 칭찬을 받은 학생이었습니다. 당연히 학교 측이나 학원에서도 특목고 진학을 제안하였습니다.

학원에서 가장 친했던 친구와 함께 특목고 입시를 준비했습니다. 쉬는 시간에도 입시 이야기를 나누며 입시 준비 기간 동안함께 정보를 공유하고 서로를 격려했던 친구였습니다. 그런데두 친구의 결과는 달랐습니다. 성적 면에서 조금 더 우수한 편이었던 P양은 과학고를 준비했지만 불합격했습니다. 특히 자사고 입시에 합격한 친구의 모습을 지켜보면서 P양은 더욱 힘들어했습니다. 두 학생은 실력의 문제라고 하기에는 어려운 부분이 있었습니다. 특목고 실패 이후 꽤 긴 시간 의욕이 떨어진 P양에게 실력의 문제가 아님을 지속적으로 설명했습니다. 그리고 새로운 목표를 세워 주었습니다.

'나는 반드시 최상위권의 대학을 진학하겠어'

P양에게 새로운 목표가 생겼습니다.

고입에서 예습된 학종 스킬
새로운 목표는 S대

결국 지역 일반고를 가게 된 P양은 어느 누구보다 강점을 가지고 있었습니다. 바로 학종의 시스템을 이해하고 있다는 것이었죠. 일부 학생들이 선택적으로 하는 진행하는 고입 전형은 대입 학종의 축소판이라고 봐도 무방합니다. 자신의 생기부를 토대로 자소서를 쓰고 면접을 준비합니다. 이 과정 속에서 학생들은 자연스럽게 대학 입시를 예습하게 되는 것입니다.

예비 고1 겨울 방학 당시, p양은 본인이 구체적인 입시의 목표를 세우게 됩니다. 특목고에서 불합격한 경험이 P양에게 강력한 내적 동기가 되어준 셈입니다. 목표를 정해놓고, 성적 관리와 생기부 관리를 어떻게 해야 하는지 과정을 이해하고 있었고, 결국 필요한 활동을 설계하고 단계적으로 목표들을 수행하기 시작했습니다.

첫 번째 요건은 성적. 전 과목 1등급 성적을 유지하기 위해 철저하게 공부했습니다. 단 한 과목의 2등급도 허락하지 않겠다는 강박도 있었습니다. 아마도 한 번의 좌절과 함께 다시 세운 목표가 뚜렷했기 때문에 가능했던 것 같습니다. 학생부 내의 내신 성적 관리와 입시에서 어떻게 활용되는지 알고 있었으므로 중간고사 성적이 부진한 과목을 수행 평가와 기말 지필평가를 통해 보완하고 넘어갔습니다.

두 번째 요건은 멘탈관리. 중학교 시절의 경험으로 인해 고교생임에도 불구하고 친구 관계에 대해 크게 의미를 두지 않았습니다. 친한 친구의 합격을 지켜보면서 친구관계보다는 성적을 최우선으로 가치로 두었습니다. 또한 주변의 반응과 자극에 흔들리지 않고 자신의 페이스를 유지하는데 집중하였습니다. 가끔 의욕이 떨어지거나 멘탈 관리가 어려운 날에는 학업 상담과 기분전환을 위해 또래보다 선생님을 선택했습니다. 원장인 저에게 상의하고 고민을 털어놓았으며, 3학년이 되었을 때에는 자신의 컨디션을 스스로 관리하며 자신만의 계획대로 한 치의 빈틈없이 입시 준비하였습니다.

마지막으로 가장 중요한 변수는 입시 전략. P양은 고입 전형에서 입시 전략의 중요성을 이미 경험한 바였습니다. 수시전형의 6번의 기회에, 추가로 지원할 수 있는 과학기술대학까지 전략적으로 접근했습니다. SKY대학과 지역 의대로 수시 전형에 지원하고 이와 별도로 KIST를 추가로 지원했습니다. 당시 지역 인문계고 그것도 P양의 학교, 특히 여고에서 KIST 입학 사례를 많지 않아 학교 측에서도 권하지 않았습니다. 하지만 수시 지원 제한 없이 지원할 수 있는 메리트가 있다면 굳이 마다할 필요가 없다는 이유로 적극적으로 제안했습니다. 결국 P양은 D여고에서 수년 동안 배출하지 못했던 KIST 일반전형 합격자로 대대적인 축하를 받았습니다.

P양의 노력이 결실을 맺은 이면에는 학교 측의 협조도 중요한 요인이 되었습니다. 일반고 기준으로 학생부의 기재 내용이 상당히 많은 편이었는데, 이는 학교 측에서 성심껏 기재하기 위해 노력했다는 점도 간과할 수 없습니다. 점차 학생부 기재 내용의 글자 수가 줄어들고 있는 만큼 내용적인 면도 학교와 지속적으

P양의 생활기록부 일부

로 협의하는 전략적 접근이 필요합니다.

    고입은 대입 학생부 종합전형의 축소판입니다. 생활기록부를 토대로, 자기소개서를 작성하고 면접 준비를 진행한 것이 P양의 합격 비법이 되었습니다. P양은 고입 경험을 토대로, 고1 진학 이후 어떻게 해야 하는지를 정확하게 알고 시작할 수 있었습니다. P양의 경험을 최대한 장점으로 활용할 수 있도록 지도하고 격려하였고 성공적인 결과를 지켜볼 수 있었습니다.

학종을 경험하면
인생을 설계할 수 있는 힘이 길러진다

학생부종합전형에서 중요도가 컸던 자소서는 2024년 대입부터 자소서가 폐지됩니다. 자소서는 고입이든 대입이든 학업 계획과 진로의 연결성을 묻고, 학업 외에 경험도 반영해야 합니다. 이 과정은 입시와 관계없이 학생들에게 중요한 의미를 가집니다. 자소서를 작성해 본 경험이 있는 학생들은 자신이 배우고 있는 학문의 내용이 나중에 어떻게 연결이 되어 활용할 것인가를 본능적으로 알고 있습니다.

실제 각 대학 입학처 통계를 보면, 학종으로 합격한 사례 학생들의 자퇴율이 현저하게 낮음을 알 수 있습니다. 진로 탐색과 계획이 이미 확정된 상태에서 입학한 학생들은 전공에 대한 확신이 있는 셈입니다.

P양의 고입 경험은 고1부터 전략 - 계획 수립 - 확실한 이행까지 삼박까지 다 갖추었기 때문에 성공할 수 있었습니다. 대학을 진학한 뒤에도 P양은 취업에 대해서도 미리 대비하며 대학 재학 기간 동안의 학업 계획을 세우는 모습을 보였습니다. 고입과 대입의 입시 경험이 졸업 후의 장기적 인생 계획까지 실행하는 원동력이 되었습니다.

★ 특목고 입시도 미리 도전해 보세요!

중3의 학부모님들이 가장 힘들어하시는 시기는 여름 방학입니다. 많은 학생들이 고등학교 진학을 앞두고 크게 고민하는 시기이기 때문입니다. 성적과 학교생활이 우수한 학생이라면 고입 전형을 준비해 보시길 권합니다.

고입은 특목고 진학, 자사고 진학, 일반 인문계고 진학으로 나뉠 수 있습니다. 여기서 언급한 고입이라는 것은, 특목고(과고, 영재학교, 외고, 특성화고)와 전국 단위 자사고 입시를 뜻합니다. 공부에 관심이 높고, 좋은 대학을 진학하기를 희망하는 학생이라면, 고입의 경험을 해보는 것을 강력하게 추천드립니다.

고입을 경험하게 되면 당락을 떠나, 학생 본인이 자신의 학업을 어떻게 설계해야하는지를 배울 수 있는 좋은 경험이 되어줍니다.

근자감이 부른
입시의 성공

내신 4등급도
학종으로 대학 갈 수 있나요?

학생부종합전형을 지원할 때 첫 번째 조건은 내신입니다. 대학에서 여러 가지 평가요소 중 가장 객관적인 자료가 바로 내신 성적이기 때문입니다. 물론 내신도 출신 고등학교에 따라 기준은 다른 편입니다.

'모든 신 중에서 가장 높은 신'이라고 불리는 내신. 남고에 다니던 B군은 내신으로는 학종이 어려운 사례였습니다. 국어1과목이 4등급, 실용영어1은 5등급, 미적분은 5등급 등등 대부분의 주요 과목은 평균 4~5등급 수준 이었습니다.

한 가지 특이한 점은 교과를 제외한 비교과 영역은 달랐습니다. 학교생활 역시 흠잡을 데가 없는 모범생이었습니다. 생활기록부의 봉사활동 시간과 진로활동, 동아리와 학급 임원 활동 등을 보면 전교 1등에 준하는 수준이었습니다.

'저는 공부 빼고 다 잘합니다'

실제 B군은 성적에서 보이는 모습과 달리 리더십도 있고, 선생님들에게 늘 칭찬받는 모범생이었습니다.

B군의 학생부를 한번 살펴볼까요?

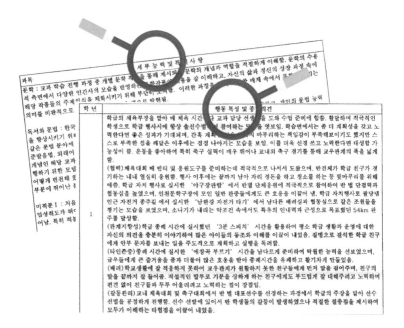

B군의 학생부에서 가장 눈의 띄는 점은 세부 특기 사항과 행동 특성 및 종합의견입니다. 각 교과목 선생님들이 B군에 대해 우수한 점을 발견하여 평가하셨는데 공통적인 내용이 일관된 모습으로 반복됩니다.

특히 리더십에 대한 부분은 대부분의 교과목 선생님들이 '발표력이 뛰어남', '질의에 가장 먼저 발표하고', '교사의 수업 진행에 적극적으로 반응하고' 등의 표현으로 발표력과 집중력이 강조하였습니다. 이와 함께 지속적인 진로계발과 자기주도 학습 등 학생이 어떤 학습 태도를 가지고 있는지 확인할 수 있습니다. 성적이 부족하지만 모든 과목에서 열정적으로 참여하고 있는 학업 태도까지 장점으로 평가되어 있는 경우 입학 사정관들은 성적과 별개로 좋은 평가를 줄 수 있습니다.

특히 학생부의 세부 특기사항과 행동 특기 사항은 입시에서 중요도가 높은 항목으로 알려져 있습니다. 이와 같이 학교 선생님들이 직접 작성하는 학생부 항목에서 우수한 평가를 받는 것이 해당 학생의 사례처럼 중요한 합격 비결이 될 수 있습니다.

내신을 뛰어넘은 세특과 행특
합격의 숨은 비결

B군의 선택은 수시전형 모두 학종으로 결정했습니다.

실제 평범한 일반고 4,5 등급이라면 학생부종합전형은 포기하고 다른 방법을 찾는 것이 좋습니다. 하지만 학생이 가진 장점이 있다면 특별한 전략을 구사할 필요도 있습니다. 학생부 종합전형은 내신을 포함하여 비교과를 정성적이고 종합적으로 평가하는 입시 형태라는 점을 100% 활용해 볼 수 있습니다.

수도권 중위권 대학의 글로벌 경영학부에 최초합을 하게 된 B군.

평균 내신 성적 4등급 후반으로 해당학과에 합격한 이유는 성실한 학교생활과 전공적합성이 경쟁력을 발휘한 결과라고 유추할 수 있습니다. 사업을 하시는 아버지 덕분에 비즈니스 감각을 가지고 있었던 B군은 학교생활에서도 120% 이상 기질이 발휘되었습니다. 경제, 사회문화, 정치와 법 등 사회과 과목의 교과 성적이 상대적으로 우수했으며, 학년 내내 임원 역할을 놓치지 않았습니다. 이 같은 내용이 생활기록부에도 잘 반영이 되었습니다. 특히 사회성이 좋은 장점은 학교 담임선생님 뿐만 아니라 모든 교과 선생님들의 평가에서도 드러나 있었습니다. 이로 인해 세부 특기사항의 내용이 풍성해질 수 있었습니다.

　본격적인 입시 준비를 위해 면접이 중요했던 B군에게 가장 먼저 연습시킨 답변은 교과에 대한 방어 전략이었습니다. 성적이 좋지 않은 이유에 대한 답변은 B군에게 직접 고민해 볼 것을 주문했습니다. 최대 단점인 동시에 가장 호기심이 생기는 포인트이기 때문이었습니다.

　실제 6개의 면접장에서 모두 해당 질문을 받게 되었고, B군의 답변은 '세상을 헤쳐나가는 힘은 교과에서만 있는 게 아니라고 생각합니다'라고 대답해 자리에 있던 면접관들이 크게 웃었다고 합니다. B군은 전반적인 교과 성적보다 지원한 학과에서 요구하는 우수한 교과목에 집중하여 답변하였고, 자신만의 가치관을 진솔하게 설명하여 호감을 얻었다고 스스로 평가하고 있습니다.

　현재 24세가 된 B군은 군 복무를 마치고 복학한 뒤 학생회장에 당선이 되어 활발한 학교 활동과 더불어 과 수석에 버금가는 학교 성적을 유지하고 있습니다.

　늘 이 친구의 사례에 대해 한 마디로 설명합니다.

'열정 가득한 자신감은 근자감이 아니었구나!'

★ 7,8 등급도 학종을 잘 선택하면 무조건 합격?

도저히 합격을 장담할 수 없는 경우로 학종을 뚫었다는 소문은 무성합니다.

내신 3등급으로 상위권 대학을 갔다더라, 내신 4등급이 인서울에 성공했다더라 등등의 실체 없는 소문을 들은 학생들에게 헛된 기대를 가지지 않도록 단호하게 설명하는 편입니다.

왜냐하면 학종을 뚫었다는 표현 자체가 현실적이지 않기 때문입니다. 소개한 학생의 사례는 고민 끝에 공개하였습니다. 성적의 단점을 충분히 극복할 수 있는 특별한 활동과 근거가 충분한 스토리를 가지고 있기 때문입니다. 만약 자신만의 차별화된 비교과 활동과 스토리, 선생님들의 동의가 있다면 수시의 소중한 기회 중 한번 정도는 해당 사례를 적용해 보셔도 좋습니다.

학부모의 기대 VS 학생의 희망, 중재자가 필요해

성적이 우수한 학생은 우수한 대로, 성적이 낮은 학생은 낮은 대로 학부모님들이 염려는 크기가 다를 뿐 각각의 무게는 무겁습니다. 각자 처한 상황은 다르지만 학생이나 학부모 입장에서는 조금이라도 유리한 고지를 차지하기 위한 예민한 신경전이 계속됩니다.

공부하는 AI
극상위권 K군의 치명적 약점

'공부하는 인공지능'이라는 별명을 가진 K군은 예비 고1 때 처음 만났습니다. K군은 고등학교 3년 동안 단위 수 2인 기타 과목을 제외하고 전 과목 1등급을 받은 극 상위권 학생이었습니다. 그럼에도 불구하고 부모님도 아들에 대한 걱정이 생각보다 컸습니다. 공부 잘하는 아이인데 무엇이 걱정일까 생각할 수도 있지만 부모님은 성적이 아닌 다른 곳에서 문제를 발견하였습니다.

아이에게 친구가 없다는 점에 주목하였습니다. 혹시 사회성이 떨어지거나 협업과 단체 활동이 불가능한 아이가 아닐까 하는 염려로 인해 실제 치료 방법도 고민하고 계셨습니다. 이유는 입시에 악영향이 될 수도 있다는 판단 때문이었습니다. 서울대의 경우, 학생부에서 협업과 리더십, 봉사와 성격의 호감도 등 지원자의 인성적인 역량을 유의미하게 평가한다는 점이 학부모 입장에서는 불안요인이 되었습니다. 실제 의치학 계열의 MMI(소규모 다중) 면접과 제시문 면접 등에서 학생의 자질은 물론 인성과 적성까지 평가할 수 있는 면접 도구를 활용합니다. 극 상위권 학생들의 경쟁이 치열한 서울대의 경우, 성적이 우수하다고 안심할 수 있는 상황이 아니라는 의미이기도 합니다.

일단 부모님 모두 명문대 출신이며 누나도 서울대 재학생이었습니다. 세 사람 모두 사회성이 좋은 편이라 K군의 교우관계를 납득하지 못했고, 심지어 친구들이 말을 거는 것조차 귀찮아한다는 상황을 심각하게 받아들였습니다. 오랫동안 학원을 보내면서도 한 번도 상담을 신청하지 않았던 K군의 어머니가 1학년 겨울방학 무렵 조심스럽게 문제를 의논해 오셨습니다.

단순히 친구가 없다, 친구를 싫어한다는 어머니의 염려를 보다 구체화하고 원인을 분석해 보기로 했습니다. 어머니는 걱정은 세 가지로 요약되었습니다.

첫째, 친구가 없다는 것이 문제를 넘어 혹시 사회성이 부족한 것은 아닐까?
둘째, 정해진 규칙과 정답만 찾고 융통성이 전혀 없는데… 역시 사회성이 부족한 게 아닐까?
셋째, 수학만 좋아하고 과학을 싫어하는 편식. 이것도 사회성이 부족해서일까?

어머니와의 상담을 끝내고 학생에 대한 사전 정보를 취합하기 시작했습니다. 실제 어머니의 걱정처럼 학원 안에서도 K군과 친한 친구를 찾기 어려웠습니다.

때로는 상담보다 소통이 먼저
학생의 마음을 전하는 전달자

K군과 진로 상담을 하기 위해 시간을 잡고, 상담을 시작했습니다. 학생과의 초기상담을 위한 저만의 노하우가 있습니다. 학습을

진단하기에 앞서 학생의 기질과 일상을 파악하는 방법입니다.

우선 학생들에게 질문을 많이 쏟아내고, 그 중 반응을 보이는 질문들을 재조정하여 다시 상담에 반영하는 방식입니다.

하나원장의 초기상담 질문

√ "오늘 니가 보낸 일들 중에 가장 마음에 남는 일이 뭐니?"

√ "오늘 공부했던 내용 중에 더 배워 보고 싶겠다고 생각해 본 거 있어?"

√ "부모님과 이야기는 많이 하는 편이니?"

√ "최근 가장 스트레스 받았던 일은 뭐야?"

√ "너는 스트레스를 어떻게 풀어?"

학생의 일상, 학생의 의지, 학생의 불만, 학생의 스트레스 해소법, 학생의 무의식 속의 욕구 등…. 제가 사용할 수 있는 다양한 질문을 던지며 학생들의 반응을 살펴봅니다. 쉽게 마음을 열지 못하는 학생, 즉 상담 난이도가 높은 학생은 오히려 곧장 본론으로 들어가는 편입니다. 차라리 상담의 목적을 정확하게 짚어주고, 쓸데없는 것 같은 질문들을 마구 쏟아 내는 방식이 저의 핵심 비법입니다. 선생님이 왜 저런 걸 물어보지 하는 순간 뜻하지 않은 진심이 드러나기도 합니다.

k군과의 상담 과정에서 메모한 내용이 인상적입니다.

1. 음악으로 스트레스를 풀고 있음 : 비판과 욕설이 난무한 흑인 힙합

을 좋아함

-> 크게 문제 될 거는 없지만, 정서적으로 활발하지 못하고 내부에

응집되어 있는 스트레스가 크게 있음이 느껴짐

2. 사회성은 전혀 문제없음. 강사나 원장과 충분히 공감대를 형성할

수 있으며, 본인의 수준에 맞는 대화를 할 경우에 한해서는 자신의

이야기도 잘하는 편. 고로 현재 다니고 있는 학교생활에서 자신과

코드나 수준이 맞는 친구를 만난 경험이 없었을 것이라 판단됨

3. 진로에 대한 고민이 큼. 극상위권이다 보니 의대 진학에 대한 기대(학

교 선생님, 학부모님)에 부응하고 싶은 마음도 있으나 본인은 전혀

해당 학과에 관심이 없음

K군은 자신이 스트레스를 푸는 유일한 방법은 음악이라고 답
했습니다. 좋아하는 음악의 제목까지 이야기하며 예상과 달리
긴 이야기를 쏟아 놓고 상담실을 떠났습니다. K군의 SNS에 수
록된 음악은 다소 폭력적이라는 느낌이 정도로 과격했습니다.
가사의 내용, 음악의 비트 등에서 학생의 스트레스 정도를 느낄

수 있었고, 부모님의 걱정이 반영된 상황이라는 점도 추측 가능
했습니다. 이와 달리 부모님이 염려하였던 친구관계와 사회성에
서는 별다른 문제가 느껴지지 않았습니다. K군은 자신에게 조
언을 줄 수 있는 연장자들과의 대화에 편안해 했고, 학업에 집
중하고자 하는 욕구가 더욱 강하게 느껴졌다. 상담을 통해 알게
된 새로운 사실은 부모님이 기대하고 있는 의대에, 극상위권 성
적에 부합하는 K군이 전혀 관심이 없다는 점이었습니다.

진정한 솔루션,
학생의 내면의 목소리를 들어주다

상담 결과에 따라 K군을 위한 솔루션을 찾아보기로 했습니다.
수학은 좋아하지만 과학에 흥미가 없는 학생은 생각보다 진로를
고민할 경우가 많습니다.

우선 진로 적성 검사를 진행했습니다. 커리어넷이나 클래식
한 검사 툴을 이용해도 좋으나, 최근의 신설학과 트렌드까지 반
영된 사설 기관에 의뢰하여 검사를 진행하였습니다. 그 결과 K
군은 상경계열에서 적합성을 나타냈습니다.

다음으로 학부모 측에서 가장 염려하고 있던 사회성 부족에
대한 부분은 학생과의 직접 상담을 통해 원인을 파악하였습니

다. 당시 또래와 대화보다 조언을 들을 수 있는 교사 혹은 선배와의 대화를 선호하고 있음을 파악하고, 상담 내용을 학부모님께 전달하였습니다,

학생의 진로 적합성과 선호하는 관계의 문제를 조합하여 학생과 학부모께 결과를 알려드렸습니다. 극 상위권 성적과 학생의 적성, 선호도를 기반으로 학생과 학부모님은 비로소 마음의 문을 열고 진로에 대해 협의하였습니다. '서울대 경제학과'를 공동의 목표로 정하게 되었고, 이에 따라 진로 계획을 마련할 수 있게 되었습니다.

K군이 그동안 표현하지 않았던 고민과 부모님도 꺼내놓지 못했던 염려를 끌어내어 중재함으로써 대화의 통로를 마련할 수 있었습니다. 이로 인해 학생은 준비된 계획과 학업에 집중할 수 있었고, 학부모님 입장에서도 아이의 계획을 믿고 지지할 수 있는 여건이 마련되었습니다.

★ 인문계열의 극상위권의 고민

예상과 달리 인문계열 극상위권은 수시 지원에 어려움이 많습니다. 자연계열보다 선택의 폭이 매우 좁기 때문입니다. 상경계열과 교대 한의대 정도로 지원하는 경향이 보이나, 학생의 진로 선택에 따라 교대와 한의대를 같이 지원하지 않는 경우도 다반사입니다.

K군 역시 서울대 1회, 연세대와 고려대의 다른 전형 각 2회로 수시 지원을 마무리하게 됩니다. 6번의 기회 중 마땅한 지원처를 찾지 못해 1번의 기회를 포기할 수밖에 없었습니다. 행복한 고민일 수도 있지만 안타까운 일입니다. 일부 입시 전문가는 자연계열의 유망 학과를 강요하기도 합니다.

좋은 기회가 우선인지, 학생의 적성이 우선인지, 자녀가 고려하지 못한 부분을 먼저 설명하고 함께 고민할 수 있는 기회와 시간을 마련해 보셨으면 합니다.

엄마의 정보력이
아이의 꿈을 견인하다

엄마에겐 계획이 있다
"영어 2등급 무조건 나와야 합니다"

고등학교 입학 후 2년 동안 영어 과목을 수강했던 O군의 모습은 매우 평범한 학생이었습니다. 성적이 눈에 띄는 정도도 아니었고, 그렇다고 해서 아주 관리가 필요한 정도가 아닌 중상위권이었습니다. 이에 반해 O군의 어머니는 다소 특별한 케이스였습니다. 학원을 자주 찾거나 상담을 요청하시는 편은 아니지만, 정기적인 상담 때에는 아이에 대해, 아이의 진로에 대해 날카로운 질문이 들어오는 경우가 많아 아이보다는 어머니가 남다르다는 느낌이었습니다. 특히 아이에 대해 냉정하리 만큼 객관적이라는 생각마저 들었습니다.

고2가 끝나는 12월, O군의 어머니로부터 대면 상담 요청이 들어왔습니다. 어머니의 질문과 상담 내용이 예사롭지 않아 저역시 긴장되는 마음으로 상담에 임했습니다. 상담이 시작되자 O군의 어머니는 지금까지 O군의 교과 과정과 진로개발, 비교과 활동까지 초기 목표와 성취된 정도에 대해 최대한 객관적으로 설명해 주셨습니다. 그리고 최종 지원학교와 전형 계획을 밝히고, 겨울방학과 고3 시기의 구체적인 학업 계획을 의논하셨습니다. 긴 이야기의 핵심은 영어 2등급. 수능 성적을 약속해 달라는 요청이었습니다.

학원 입장에서는 학부모님의 강요와 요청은 상당히 불편한 면이 있습니다. 학생의 성적 결과에 대해 학원에서 일방적으로 책임지기에는 여러 가지 변수가 있기 때문입니다. 반면 O군의 어머니는 함께 역할을 분담하겠다는 입장이셨습니다. 가정에서 맡을 부분과 학원에 요청할 부분을 구분하고, 어머니 역시 학원보다 더 노력하겠다고 의지를 분명히 하셨습니다.

지금도 그날 어머니의 단호한 말투와 눈빛을 잊을 수 없습니다. 저 역시 다른 입장에서는 학부모였기에 어머니의 다급한 마음도 느껴졌습니다. 어머니가 집으로 돌아가신 뒤 O군이 궁금해졌습니다. 우리 학원에 다닌 2년간의 기록을 살피며, 어머니의 요청이 실현 가능한지 학생의 성적을 확인했습니다. 이어 곧 O 군과의 상담을 진행하여 학생의 성향을 파악하고, 학생의 진로 계획과 학습 상태를 점검했습니다. 어머니가 요청한 성적을 3학년 1학기 내에 만들어내긴 어렵겠지만, 수능을 최종 목표로 정한다면 실현 가능하겠다는 확신이 생겼습니다.

우선 학생에게 어머니의 요청사항을 전달하고 학생 본인의 의지를 확인한 뒤, 매일의 학습습관부터 영역별로 확인해야 할 체크리스트까지 전달했습니다.

아이의 합격
엄마의 정보력이 만든다

어머니와의 요청을 받아들이고 학생을 관리하기 시작하면서 의도치 않게 학생의 대학 입시에까지 깊게 관여하게 됩니다. 이 역시 어머니의 역할이 컸습니다. O군이 공부보다는 미술과 패션에 관심이 많다는 것을 발견한 어머니는 관련 학과와 해당 산업에 대한 정보를 모으고, 입시 전형을 직접 공부하고 면접의 예상 질문까지 만들어 준비하고 계셨습니다. 지원하게 될 학교 교수님들의 연구 동향까지도 파악하고 계실 정도였으니 O군은 최고의 입시 개인교사를 집에 두고 있는 셈이었습니다. 또한 O군의 성적도 지속적으로 모니터링하며 진행 정도를 의논해 오셨습니다. 저 역시 어머니의 열정에 도움이 되어야겠다는 생각에 저희 학원 출신의 같은 계열 합격 학생들에게 멘토링을 요청했습니다. 당시 서울대 미대 재학생을 연결하여 멘토링을 주선하였습니다.

O군은 당초 수시전형에 주력하고 있었고, 뒤늦게 미대 입시를 준비하면서 실기전형은 불리하다는 사실을 어머니가 가장 먼저 확인하셨습니다. 미대 입시에서는 보기 드물게 학생부 교과전형을 선택하였고, 6번의 기회 중 학생부 교과로 4회, 나머지 2번 역시 면접 전형을 선택했습니다. 학생부 종합전형의 경우, 미대 입시 지원자와 차별화된 수학과 과학 활동으로 자기소개서에서 차별화하는 전략도 어머니의 아이디어였습니다.

어머니의 전략이 확실하고, 정보 수집이 학원보다 한발 앞서면서 어느 순간부터 학부모와 학생 그리고 저까지 입시 전면에 같이 동행하고 있다고 깨닫게 되었습니다. 입시 전략 수립부터 결과까지 메이드 인 엄마표 대입에 수능성적은 학원이 도우면서 팀워크를 이루게 된 셈입니다.

이것이 핵심입니다.

엄마의 노력이 우리 아이 대입의 가장 확실하고 든든한
지원군이라는 사실.

하나 원장의 원포인트 컨설팅

★ **내 아이의 입시를 위해 엄마가 가져야 할 질문**

- 아이를 어떻게 키우셨어요?
- 이 시기에는 어떤 걸 시켜야 할까요?
- 어느 학원을 보내면 될까요?
아직도 이런 질문이 유효할까요?

입시를 끝낸 어머니들은 늘 이렇게 말합니다.
"지금 알고 있는 걸 그때 알았더라면… 조금 더 잘 했을 텐데…"
결국 입시는 남들에게 듣는 걸로는 원하는 정답을 얻을 수 없습니다.
우리 아이의 입시를 위한 질문은 각각 달라야 하며 엄마가 직접 만
들어 가야 합니다. 이 책도 엄마의 수 백가지 질문을 만드는 데 도
움이 되기를 바랍니다.

Chapter

2

아는 만큼 보이는
대학 입시

요즘 대학
어떻게 들어갈까요?

입시가 달라졌다?
NO, 지금도 달라지고 있다

입시는 지속적으로 변화를 거듭해 왔습니다. 어쩌면 바뀐 게 아니라 '계속 조금씩 바뀌고 있다'가 정확한 표현인 듯합니다. 교육은 '백년지대계'라는 말이 무색한 시대입니다. 지금 쓰고 있는 이 글도 언젠가 책으로 나왔을 때 혹시 또 다른 새 입시제도가 등장하지 않을까 하는 생각이 들기도 합니다.

입시가 끝나면 소문이 무성합니다, 1등급도 서울대에 갈 수 없다고도 하고, 학종으로 상향 지원에 성공했다는 이야기도 있습니다. 유명 입시학원의 설명회나 학부모 모임에 나가보지만 정보를 얻기는커녕 오히려 혼란스러운 경우도 많습니다.

"대한민국에서 대학입시는 도대체 어떤 의미일까요?"

4,50대의 학부모 세대라면 대부분 학력고사 또는 수능시험만으로 대학입시를 겪어오셨을 겁니다. 입시제도는 변하고 있지만 학종 시대로 불리는 지금의 대입, 고교학점제가 예고된 앞으로까지 대입의 결과가 아이의 인생을 결정한다고 믿는 사회 분위기는 여전합니다. 또한 예나 지금이나 입시의 본질은 줄 세우기라는 현실 또한 부인할 수 없습니다. 이로 인해 과도한 경쟁과 부모의 욕심은 입시가 이제 중3부터, 아니 중1부터, 초5부터 그보다 더 빨리 초등학교 입학과 동시에 불안감이 감돌기 시작합니다.

대학은 각각의 방법으로 학생들에게 점수를 부여하고, 점수에 따라 줄을 세운 다음 정원만큼의 학생을 선발합니다. 이 본질은 과거부터 지금까지 변하지 않았고 앞으로도 변하지 않을 것입니다. 다만 변수가 있습니다. 우리 아이를 유리한 위치에 세울 수 있는 전형을 고를 수 있다는 점. 그것이 달라졌습니다. 다양한 전형과 평가 방법으로 복잡해진 만큼 학생 외에도 학부모가 입시 요강과 전형을 볼 수 있다면 아이의 입시에 다양한 시각과 현명한 판단에 도움이 될 것입니다. 입시는 학생들에게 좋든 싫든 영향력을 행사합니다. 대학 지원에 있어 가장 기본적인 기준이면서 동시에 3년간의 고등학교 생활 전반에 걸쳐 일종의 가이드를 제시합니다. 또한 입시가 바뀐다는 것은 학생들에게 해당 입시를 대비하기 위한 태도와 이에 따른 학습법에도 변화가 생길 수 있음을 의미합니다.

대학 입시는 모두가 잘 알고 있듯이 크게 수시와 정시로 나뉩니다. 현재 선발 비중이 높은 수시는 다시 교과·학종·논술로 세분화됩니다. 물론 정시는 수능 중심으로 선발하는 등 큰 틀에서는 이미 2015년을 전후로 기준이 세워졌다 볼 수 있습니다.

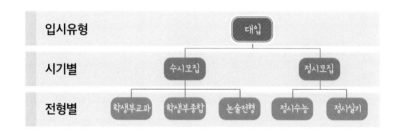

대학 입시의 종류

수시모집은 매년 9월부터 시작되어 12월 하순에 마무리됩니다. 약 3개월간 진행되는 수시모집은 학생부교과전형, 학생부종합전형, 논술전형으로 구분됩니다.

학생부교과전형은 고등학교 1학년부터 3학년 1학기까지 진행되는 내신 성적을 중심으로 경쟁하는 전형입니다. 각 교과의 성적에 따라 산출되는 내신 등급을 중심으로 학교에 따라서는 내신 등급만을 반영하는 학교와 내신등급 외 수능 최저등급을 같이 적용하는 학교로 구분됩니다.

　수시 모집 중 가장 많은 선발인원을 뽑으며, 내신과 수능 공부 외에는 따로 준비할 것이 없어 학생들이 내신 관리를 잘할수록 자연스럽게 준비되는 전형입니다. 다만, 서울의 주요 대학과 지방의 거점국립대학과 선발 규모에 대해서는 온도 차가 있습니다.

　전국 기준으로 가장 많이 뽑는 전형이지만 서울 주요 대학 기준으로는 선발인원이 적은 편입니다. 또한 재학 중 성적이 좋지 않은 학기가 있을 경우 이 또한 전체 내신 등급 산출에 영향을 끼치기도 합니다. 또한 지원하는 학생들의 내신대는 비슷한 편이면서 주요 대학일수록 '내신 강자'들이 많아 학생부종합이나 논술에 비해 경쟁률이 대체로 낮게 형성되는 편입니다.

앞서 언급한 학생부교과전형이 내신 그리고 내신+수능최저 조합이라면 학생부종합전형은 서류와 면접을 중심으로 진행되는 전형입니다. 여기서 말하는 서류는 학교생활기록부(학생부)를 말합니다. 서류 평가에서 면접으로 넘어간 인원을 면접을 통해 최종 합격자를 선발하는 방식입니다.

2022년까지(2023학년도)는 학교에 따라 학생부 또는 학생부+자기소개서를 제출해야 하지만, 2024학년도부터는 자기소개서가 폐지됨에 따라 학생부 한 가지로 평가가 진행됩니다. 또한 학교에 따라서는 면접 없이 학생부만으로 최종합격자를 선발하는 대학이 있다는 점도 주목해야 합니다. 학생부 종합전형은 학교 성적뿐만 아니라 학업 전반에 걸친 다양한 경험과 교내활동을 기반으로 '학업역량'과 '진로역량', 발전 가능성과 인성을 합친 '공동체 역량'까지 평가요소가 됩니다.

수시모집 ──────────────────────────────── **논술전형**

논술전형은 말 그대로 각 대학에서 출제한 논술 시험을 통해 합격자를 선발하는 방식입니다. 계열에 따라서 인문논술, 수리논술(수학 또는 수학+과학)로 선발하며, 논술 시험은 고교 교육과정을 기반으로 출제합니다. 논술 시험 또한 학교에 따라서는 수능 최저가 적용되는 학교가 적지 않습니다. 경쟁률이 상대적으로 높은 편입니다. 실질적으로 내신의 비중이 크지 않은 편으로 내신 성적이 아쉽거나 또는 내신 관리가 어려운 학교에 다니는 학생들이 많이 선호합니다.

정시모집 ──────────── 수능중심전형

정시모집은 수시모집이 끝난 직후 진행되며, 대학이 수능 성적을 중심으로 가군, 나군, 다군과 같이 나누어 전형 실시 기간을 구분하여 모집합니다. 수시 모집이 한창인 11월 중순 수능시험이 진행되며, 12월 초순 수능 시험 결과가 발표됩니다. 이 시기 수시 모집 결과가 발표되기 시작하며 추가모집 기간도 모두 마무리될 경우 바로 12월 하순부터 2월 중순까지의 정시모집 기간이 진행됩니다.

정시 모집은 크게 수능 중심 전형과 예체능 실기전형으로 구분됩니다. 대부분의 학생들에게 해당되는 수능 중심 전형은 각 학군 별로 선호하는 학교들이 비슷하게 묶이거나, 합격 등록 후 추가모집에 지원할 수 없다는 점에서 지원할 학교를 결정하는 데 신중한 고민이 필요합니다. 세 번의 지원 기회가 있지만 수시모집에 비해 지원 횟수가 적고 비교적 짧은 시간(2~3주) 안에서 지원학교를 결정해야 한다는 점에서 심리적 부담이 큰 편입니다.

구분	전형유형	2023학년도	2022학년도
수시	학생부 위주(교과)	154,464(44.2%)	148,506(42.9%)
	학생부 위주(종합)	91,390(23.3%)	79,503(22.9%)
	논술 위주	11,016(3.2%)	11,069(3.2%)
	실기/실적 위주	21,014(6.0%)	18,817(5.4%)
	기타(재외국민)	4,558(1.3%)	4,483(1.3%)
	소계	272,442(78.0%)	262,378(75.7%)
정시	수능 위주	69,911(20.0%)	75,978(21.9%)
	실기/실적 위주	6,150(1.8%)	7,470(2.2%)
	학생부 위주(교과)	252(0.1%)	201(0.1%)
	학생부 위주(종합)	313(0.1%)	347(0.1%)
	기타(재외국민)	56(0.0%)	179(0.1%)
	소계	76,682(22.0%)	84,175(24.3%)
	합계	349,124(100%)	346,553(100%)

수시/정시 내 전형 간 선발 인원 비교

입시제도의 큰 틀을 이해하셨다면, 이제 입시 전형의 세부적인 전략과 계획을 세울 준비가 되었습니다. 전형별 특징에 따라, 또는 전형의 시기에 따라 내 아이에게 장점이 단점이 되기도 하고, 단점이 장점이 될 수 있습니다. 입시도 아는 만큼 보이는 법입니다.

입시도 정보력이
승부수일까?

복잡하고 어려운 입시
내 아이에게 맞는 전형 찾기

요즘 입시는 상당히 복잡하고 어렵습니다. 어렵게 얻은 입시 정보조차 해가 바뀔 때마다 달라지기 때문에 학부모 입장에서는 점점 확신이 줄어듭니다. 인터넷 기사를 읽어봐도 학원 설명회를 다녀 봐도 손에 잡히는 정보가 없습니다. 엄마의 고민은 우리 아이가 더 좋은 대학에 입학하는 방법이 무엇인지 그 답을 알 수 없다는 점에서 두려움이 커지고 두려움은 곧 불안감으로 증폭됩니다.

우리 아이에게 수능이 유리한지 학종이 유리한지, 수능은 어떻게 대비하고, 학종의 성적관리와 비교과는, 동아리 선택과 활동 방법은 무엇인지, 독서기록은 어떻게 엮어 주어야 할지, 도무지 판단되지 않는 정보들로 머리가 어지럽습니다.

우리 아이에게 유리한 전형을 찾아내기 위해 수많은 입시전형을 분석하고 비교해서 데이터를 뽑아내기란 현실적으로 어렵습니다. 시간과 에너지를 투입하더라도 입시 요강은 매년 바뀐다는 점에서 이 또한 만족할 만한 정보를 얻기가 어렵습니다. 어떤 전형을 준비해야 할지 결정하지 못한 상태에서 다음 계획을 세우기도 어렵습니다.

어느 대학을 가야 할까?
입결 분석, 상담의 기초 자료로

합격 가능성을 파악할 수 있는 가장 좋은 자료는 입결, 전년도 입시 결과입니다. 입시가 끝난 뒤, 누적 백분위를 바탕으로 형성된 합격생들의 성적을 나타낸 지표로, 현재 자신의 점수로 목표한 대학에 진학 가능한 수준인지 진단할 때 참고하기 좋은 자료입니다.

대입 준비를 위한 전형별 참고자료를 확인할 때는 정확한 합

격정보가 필요합니다. 대학교
육협의회에서 제공하는 정보
포털에서 전년도 입시결과를
공통, 학생부종합전형, 학생
부교과전형, 수능위주 전형으
로 구분하여 확인할 수 있습

전년도 입시 결과

대입정보 포털 "어디가"
www.adiga.kr

대입정보센터 - 대학별 입시정보
- 전형 평가 기준 및 결과 공개

니다. 수시와 정시를 막론하고 모든 대학, 모든 전형의 입학 결과
를 검색해 입시전략 세울 때 참고하기 좋은 자료입니다.

반면 숫자로 정리된 입시 결과표를 분석하는 것은 입시 요강
을 통해 전형과 평가 점수를 적용하는 것보다 어렵습니다. 대학
에서 입시 결과를 공개하는 기준은 학교마다 조금씩 차이를 보
입니다. 전형에 따라 합격자(최종 합격자 기준)의 내신 등급 평균을
제시한 학교부터, 최종 합격자의 내신 구간 대를 최고 - 평균 -
최저로 나눠서 공개하는 학교도 있습니다. 더불어 합격자의 내
신등급을 먼저 공개하기보다 모집인원 대비 경쟁률만 공개하거
나 모집 인원 대비 추가 합격자 수를 공개하는 방식으로 입시
결과를 공개하는 학교가 있습니다.

대학별로 입시 결과를 공개하는 시기가 다르다는 점도 결과
분석을 어렵게 합니다. A대학은 정시가 끝난 2월에 빠르게 공개
하는 한편 B대학은 수시 모집이 얼마 남지 않은 6월에 공개하는

사례도 있습니다. 상황이 이렇다 보니 학부모와 학생 입장에서는 입시정보 찾는 것에 집중하기보다는 학업 계획을 충실히 수행하면서 시간이 날 때마다 입시 결과를 정리해 두는 것도 도움이 됩니다.

전년도 입시 결과에 대한 정보 분석이 어느 정도 완성되어야 학교상담에서나 전문 입시 컨설팅을 받을 때에도 자신만의 기준과 목표에 부합하는 상담이 진행될 수 있습니다.

〈2022학년도 수시 최종 충원인원〉

2021.12.28.기준

연번	모집단위	지역균형전형		잠재능력우수자전형		가톨릭지도자추천		학교장추천		고른기회 I		고른기회 II		농어촌학생		특성화고교졸업자		특성화고등을졸업한재직자		논술전형	
		모집인원	예비순위	모집인원	예비순위	모집인원	예비순위	모집인원	예비순위	모집인원	예비순위	모집인원	예비순위	모집인원	예비순위	모집인원	예비순위	모집인원	예비순위	모집인원	예비순위
1	국어국문학과	5	11	9	10					3	2			2	-					5	2
2	철학과	5	5	9	14					3	4			2	2					5	1
3	국사학과	5	10	11	21	3	2			3	2			2	1						
4	영어영문학부	12	18	15	29	4	1			4	3			2	4					5	1
5	중국언어문화학과	6	9	14	13					3	4			2	5					5	-
6	일어일본문화학과	6	11	14	17					3	1			2	7					5	2
7	프랑스어문화학과	5	9	11	13																
8	사회복지학과	5	14	15	10	4	1			4	-			3	4						
9	심리학과	8	18	15	13	4	1			3	3			3	4					5	2
10	사회학과	5	9	10	15					3	1			2	3					5	1
11	특수교육과			15	16	3	6														
12	경영학과	11	15	15	28	3	5			3	6			2	1	4	4			5	-
13	회계학과	11	8	15	4	3	1			3	1			2	-	4	4			5	3
14	국제학부	13	22	15	30	4	4			4	2			2	8					5	1
15	법학과	5	6	10	8					3	2			2	5					4	-
16	경제학과	7	12	10	17	3	3			3	5			2	4					5	-
17	행정학과	5	7	10	10					3	2			2	6					4	1

가톨릭대 입시 결과 일부 예시 (학과별 모집인원 대비 예비순위 공개 방식)

학과	2018			2019			2020		
	모집인원	경쟁률	교과 평균	모집인원	경쟁률	교과 평균	모집인원	경쟁률	교과 평균
국어국문학과	11	7.45	2.15	12	5.00	3.04	11	14.82	2.34
사학과	11	12.36	2.19	12	5.67	2.25	11	6.27	2.39
철학과	4	33.00	2.64	4	15.50	2.10	4	6.25	2.71
영미인문학과	7	8.86	2.08	8	7.63	2.09	7	6.43	2.38
법학과	25	9.48	2.17	27	5.85	2.24	22	6.95	2.14
정치외교학과	8	9.25	2.17	9	5.56	2.17	6	6.17	2.25
행정학과	11	11.27	2.13	11	7.73	2.04	9	5.50	2.39
도시계획·부동산학부	15	8.67	2.39	16	6.63	2.25	15	7.60	2.31
커뮤니케이션학부	15	8.20	1.75	17	5.12	2.29	16	8.06	2.05
상담학과	6	31.83	1.96	7	7.43	2.36	6	8.83	2.22
경제학과	15	9.27	2.31	17	7.24	2.27	15	7.27	2.234
무역학과	14	11.57	2.22	16	7.31	2.21	15	6.60	2.2
경영학부	47	11.74	2.10	47	7.21	2.06	46	5.67	2.15
전자전기공학부	57	10.89	2.42	54	8.37	2.32	39	6.62	2.47
고분자공학전공	19	9.79	2.22	19	6.21	2.25	12	5.25	2.26
파이버융합소재공학전공	13	8.31	2.49	12	6.75	2.44	8	8.75	2.28
토목환경공학과	27	9.59	2.84	24	9.00	2.68	17	7.53	2.72

단국대 입시 결과 일부 예시 (학과별 경쟁률과 합격자의 내신 평균 공개 방식)

일반적으로 전년도 입시 결과를 발표하면 위와 같은 형태입니다. 대부분 최종 등록자 기준으로 각 전형별로 교과 평균을 공개하거나, 예비 순위를 공개하거나, 학생부 등급을 공개하는 등 학교별로 차이가 있습니다. 각 대학별로 공개된 입시 결과를 활용할 때에는 주의를 기울여야 합니다. 입결 자료는 모두 작년 기준으로 정리되어 있으므로 올해 입시를 준비한 입장에서는 '큰 틀에서의 참고' 정도로 활용하는 것이 좋습니다.

올해의 입시 결과가 작년과 동일할 것이라는 판단은 위험합니다. 매년 전형 방법이 다르고, 지원학과의 모집 인원이 달라질 수 있습니다. 신설학과, 폐과 등으로 인한 지원자의 성향이 달라질 수 있으므로 작년 기준의 자료는 말 그대로 "작년 기준"이기에 새로운 입시를 준비하는데 절대적인 기준이 되긴 어렵습니다.

전년도 입시 결과 참고 시
주의가 필요한 학생부종합전형

입시 결과 자료를 활용할 때 가장 주의를 요하는 전형은 학생부 종합 전형입니다. 실제 입시 결과라는 용어는 합격자의 평균을 의미합니다. 학생부 교과전형처럼 내신이 합격의 절대적인 비중을 차지하는 전형은 "이 정도 내신이면 이 학교를 쓸 수 있겠구나"라는 적용이 가능하니 충분히 참고할 수 있습니다.

모집단위	내신등급					
	최초합격자			최종등록자		
	최고	평균	최저	최고	평균	최저(70%)
11 국어국문학과	2.235	2.469	2.684	2.397	2.807	2.925
12 영어영문학과	2.096	2.615	2.811	2.48	3.137	3.255
13 사학과	2.623	2.672	2.707	2.701	2.759	미응개
14 문헌정보학과	2.353	2.445	2.568	2.416	2.61	미응개
15 문예창작학과	2.125	2.125	2.125	3.856	3.856	미응개
16 글로벌어문학부	1.955	2.66	2.877	2.391	3.053	3.171
20 Fine Arts 학부	2.297	3.038	3.433	2.779	3.662	3.909
24 공공안전학부	1.613	1.955	2.23	1.613	2.492	2.786
25 공공인재학부	2.343	2.545	2.716	2.839	3.434	3.567
26 경제학부	2.104	2.763	2.984	2.278	3.19	3.36
27 경영학부	1.654	2.406	2.639	1.875	3.039	3.16
28 ICT융합학부 경영정보전공	2.462	2.84	3.186	2.709	3.183	3.198
29 ICT융합학부 산업경영공학전공	2.424	3.125	3.333	2.716	3.7	3.746
30 AI컴퓨터공학부 컴퓨터공학전공	2.037	2.75	2.963	2.037	3.075	3.227
31 AI컴퓨터공학부 인공지능전공	2.398	2.851	3.144	2.398	3.265	3.451
32 수학과	2.742	2.982	3.165	2.742	3.176	미응개
33 나노공학과	2.432	2.067	3.007	2.894	3.324	3.428
34 화학과	2.478	2.617	2.813	2.625	2.929	3
35 바이오융합학부	2.117	2.561	2.727	2.248	2.764	2.81
36 건축학과(5년제)	2.524	2.858	3.03	2.889	3.118	3.164
37 전자공학과	2.088	2.641	2.86	2.068	3.322	3.659
38 융합에너지시스템공학부	2.166	2.744	3.036	2.562	3.302	3.507
	2.463	3.103	3.335	2.94	3.455	3.559
40 기계시스템공학부	2.362	2.763	3.067	2.793	3.261	3.364
43 미디어영상학과	1.639	2.08	2.335	2.036	2.74	2.932
45 관광학부	1.573	2.237	2.514	1.796	2.656	2.84

학생부 교과전형의 입결 사례 (경기대 교과우수)

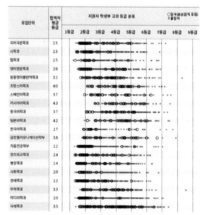

학생부 종합전형의 입결 사례 (경희대 네오르네상스)

이에 반해 학생부종합전형은 선발기준이 다른 만큼 현명한 판단이 필요합니다. 내신 이외 학생부에 기재된 다양한 영역을 평가하여 서류 전형에 반영된다는 점을 고려해야 합니다. 이로 인해 전년도에 비해 높은 내신으로 안전하게 지원했음에도 불구하고 불합격하는 사례가 발생하기도 합니다. 전년도 입시 결과에서 학생부종합전형의 평균 내신은 "이 내신이면 쓸 수 있어"가 아닌 "합격하고 보니 이 내신대 학생들이 이 정도 분포되어 있었구나"라는 생각으로 접근해야 합니다.

아울러 학생부종합전형이 최근 2~3년 동안 학생부 간소화 정책에 의해 평가 항목과 요소가 조금씩 바뀌고 있기 때문에 입시결과의 숫자에만 의지하기에는 위험부담이 큽니다. 해당 입시 결과를 참고 기준으로 삼고 지원 대학과 학과의 학생 선발 방향성을 확인한 후, 자신의 학생부 약점을 보완하여 지원하는 것이 오히려 바람직한 활용방법입니다.

대학 입시요강도
해마다 조금씩 바뀐다

각 대학의 입학처에서 입학 전형 시행계획과 모집 요강을 발표합니다. 입학 전형 시행계획은 흔히 입학 안내로 불리는 자료로 보통 2년 전에 미리 발표합니다. 고등학교 재학생들에게 미리 안내하는 자료라 할 수 있으며, 입학 전형, 전형별 모집인원, 전형별 반영 요소, 반영 비율 등이 포함되어 있습니다. 입학전형 시행계획을 미리 분석해 두면 우리 아이가 고등학교 2학년이 되었을 때, 입시 방향성을 어느 정도 가늠할 수 있는 기준을 미리 예측할 수 있습니다.

모집요강은 모집시기별로 수시모집 요강과 정시모집요강을 따로 발표합니다. 각 전형별 자격기준을 고등학교 종류별로 상세히 설명하고 학과별 인재상, 면접 방법과 서류평가 표 내역, 배점 비율과 동점자 처리 기준, 장학금과 학사 제도까지 자세히 알려줍니다.

대입정책에 따른 입시요강 발표 과정 (대입 사전예고제 / 충남교육청 자료 인용)

　　대학의 입학 계획은 미리, 또 적절한 시기에 밝혀두고 있지만 세부적인 계획은 조금씩 달라집니다. 학령인구가 지속적으로 감소함에 따라 학생 선발과정에서 발생하는 다양한 피드백이 반영되기도 하고, 학과의 신설과 폐지 등 대학 운영 계획과 정부의 교육정책 등 다양하고 복합적인 이유로 대학이 입시 요강을 변경하기도 합니다. 이러한 문제에 대한 혼선을 최소화하기 위해 정부가 '대입전형 기본사항'을 사전에 발표하여 입시제도의 윤곽을 잡아 둡니다.

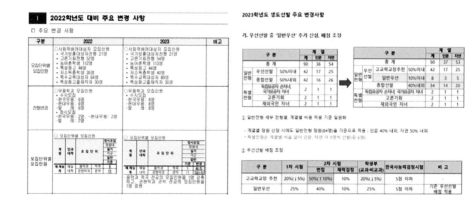

2022학년도 대비 2023학년도 선발 방식의 변화를 안내한 대학 사례
(좌 : 부산대 / 우 : 국군간호사관학교)

　　입시요강의 크고 작은 변화는 입시생의 준비 전략에도 중요한 변수가 됩니다. 작년 입시 결과 해석을 어떻게 정리해야 할지, 또 앞으로 이 학교에 지원하기 위해 고려해야 할 점이 무엇인지, 방향성과 고민도 함께 바뀌어야 하기 때문입니다.

　　예를 들어 지난해 'A대학'이 학생부교과전형을 수능 최저 없이 운영했고 경영학과의 평균 합격자 내신등급이 2.4등급이라 가정해 볼까요? 그리고 올해 이 대학에서 해당 전형의 '수능 최저 2개 영역 합계 4등급'이라는 요강 변화가 발생하면 교육현장에서는 어떤 일이 벌어질까요? 모집요강에서 겨우 한 줄 변화가 생긴 것뿐이지만, 두 가지 생각이 들 수 있습니다.

첫째, 내신의 변화입니다. 내신 2.3~2.5등급 대 학생들이 주요 지원자가 될 것으로 추정되며, 2개 영역 4등급이라는 수능 최저를 지원자 모두가 충족하기 어려울 수 있습니다. 이에 따라 합격 내신 성적대가 조금은 내려갈 수 있다는 해석이 나올 수 있습니다.

둘째, 지원자 입장에서는 수능도 신경을 써야 합니다. 내신과 별개로 수능 공부에도 어느 정도 신경을 써야 할 상황이 만들어질 수 있습니다. 또한 학생부종합전형을 대비하는 학생 입장에서는 면접 폐지로 변경된 요강에 따라 면접 이전에 평가되는 서류의 중요성이 더욱 커지게 됩니다. 결국 수시 모집 전까지 내신을 비롯한 학생부 관리에 집중해야 하는 입시 전략의 변화가 불가피합니다.

입시정보가 부족하다고? NO!
나에게 맞는 입시정보가 부족한 것

우리나라의 입시 정보는 소수의 입시 영역만 제외한다면 대부분 투명하게 공개되어 있는 편입니다. 고입에 비해 대입의 경우 다양한 채널을 통해 상당히 친절하게 공개되어 있습니다. 굳이 대학 홈페이지를 방문하지 않아도 유튜브 속 입시 전문가들의 콘텐츠를 비롯해 카페나 밴드에도 공개된 합격 후기 등의 자료들이 넘쳐 납니다. 입시정보를 얻는 데 있어 정보 부족의 문제보다는 오히려 정보의 옥석 가리기가 더 중요해진 셈입니다.

컨설팅을 진행하면서 자주 받은 피드백은 "이제야 듣고 싶은 것을 듣게 되었다"라는 말입니다. 이런 말이 나올 정도면 입시정보는 수없이 많지만 학생과 학부모 입장에서는 꼭 필요한 정보가 부족한 셈입니다. 일부 학부모의 경우 자녀의 성적이 너무 낮아서 그나마 나은 대안을 선택하고 싶은데 인터넷에 있는 입시정보들은 대부분 상위권 대학의 정보가 많아 아이에게 입시정보를 전달하기 쉽지 않았다는 이야기도 합니다. 심지어 밴드나 맘카페에 있는 정보들은 진솔한 후기라는 이름으로 또 다른 의미의 입시정보를 공유하지만, 문맥들을 곱씹어 보면 일부 주관적인 의견 또는 어디서 들은 내용을 재공유하는 방식의 글들이 대부분입니다. 신뢰는 둘째치더라도 입시 정보를 정돈하는 차원에서 기준이 되기 어렵습니다.

정보는 생각보다 수요와 공급에 충실한 편이며, 특히 입시 정보는 이 공식을 더욱 철저하게 따르는 셈입니다. 블로그나 카페, 밴드 대부분 입시 정보가 순수한 목적이 아닌 입시컨설팅의 극적인 성공사례나 입시 지도의 노하우를 강력하게 어필해야 하는 만큼 수요자가 많은 상위권 대학의 정보에 주목하는 편입니다. 이와 함께 학령인구 감소와 지방보다 수도권을 선호하는 현재의 사회 분위기 역시 상위권 대학의 입시정보에 집중되어 있는 원인으로 볼 수 있습니다.

하나 원장의 원포인트 컨설팅

제대로 된 입시 정보가 학생의 인생을 바꿀 수 있습니다.
작은 습관이 바꾸는 기적. 우리 아이의 습관부터 살펴보세요!!

첫째도 둘째도 메모하기!
고등학교 1학년 진학부터 고등학교 3학년 1학기 과정까지의 생활기록부 내용이 수시에 반영됩니다. 좋은 컨설팅을 받고 싶으면, 좋은 질문이 있는 상황이어야 합니다. 1학년 진학하면서 동시에, 진로에 대한 고민, 입시에 대한 고민 그리고 학업과 전공이 연결점이 궁금해지는 순간마다 질문들과 궁금한 내용을 메모하는 습관을 가지세요.

고등학교 3년 과정을 학교가 정리하는 것이 생활기록부라면, 대입을 위해 준비하고 있는 과정을 잘 정리해 둔 자신만의 바인더도 반드시 필요합니다. 이 과정에서 시기별로 조사해야 할 입시 정보가 무엇이고, 필요한 컨설팅이 어떤 것인지 구체적으로 파악할 수 있습니다. 작은 메모가 아이의 학생부를 바꾸고, 입시에 통하는 숨은 진주가 됩니다.

입시설명회의 목적

　입시정보를 위해 가장 활용도가 높은 것이
입시설명회입니다. 대학에서 직접 입학 설명회
를 개최하는 경우를 제외하고 간혹 지자체나
고등학교 측에서 개최하기도 합니다. 하지만 대부분 유명 입시학
원과 교육업체에서 개최하는 경우가 많습니다. 사교육 업체의 입
시설명회에 한 번쯤 참여해 보신 학부모라면 공통적인 반응을 보
입니다. 썩 기분이 좋지 않다는 겁니다. 착잡하면서도 한편으로는
다행이다 싶고, 복잡해서 제대로 알아들을 수 없지만, 또 학원 또
는 수업을 등록하고 나면 잘 될 것 같다는 희망도 생깁니다.

　이유는 간단합니다. 학원을 주최로 하는 설명회의 목적은 대
부분 학원생 모집에 있습니다. 입시에 대한 명확한 정보보다 이
학원을 다니면 명문대도 입학할 수 있다는 기대감을 갖는데 급급
합니다. 그렇다고 지자체나 학교 측에서 개최하는 설명회라고 유
익한 것만은 아닙니다. 특정 대상이나 주제로 좁혀질 수 없는 특
징 때문에 입시에 대한 가이드라인만 잡아줄 경우가 많습니다.
사정이 이렇다 보니 학부모입장에서는 설명회가 끝나면 오히려 더
허탈해 지는 경우가 생기실 겁니다.

정말 좋은 입시 설명회는 없을까요? 좋은 입시 설명회를 선별할 수 있는 방법이 없을까요? 대답은 간단합니다. 가장 좋은 설명회는 바로 우리 아이에게 적용할 수 있는 구체적 정보를 얻을 수 있어야 합니다. 물론 선택은 상대적일 수 있습니다. 아이의 성적과 지원 계열, 학업태도와 성향이 모두 다르기 때문이죠. 하지만 몇 가지 원칙만 기억하시면 실수를 줄일 수 있습니다.

첫째, 입시설명회의 목적을 간파해야 합니다. 학원이 주최일 경우, 프로그램 소개인지 교육 세미나인지는 포스터 또는 문자의 내용만 읽어봐도 알 수 있습니다.

둘째, 우리 자녀에게 필요한 정보를 제공하는 주제인지 살펴보세요. 우리 자녀가 경기권 학교 4등급이라면, 굳이 대치동에서 진행하는 설명회를 들을 필요는 없습니다. 대치동 학군의 4등급과 경기권 학군 4등급의 입시 전략은 접근 방식부터 다릅니다.

셋째, 전국 단위로 강연을 다니는 이른바 강연 전문가의 설명회는 피하시길 권합니다. 학생들의 성적과 성향을 직접 관리하는 선생님 혹은 입시 상담 전문가와 달리 입시전략만 분석한 강의형 입시 전문가들의 정보에는 차이가 있습니다. 물론 입시의 정책과 체계를 이해하는 데는 경쟁력을 가질 수 있으나 실제 각각의 학생들에게 적용 가능한 입시 정보가 취약할 수 있습니다.

입시는 작년이 다르고 올해가 다르며, 수도권과 지역, 학생의 성적과 학생부에 따라 전략과 대비책이 달라야 합니다. 학생을 직접 상담하고 합격시킨 실전 사례를 가진 현장 입시 전문가의 경험과 노하우가 반드시 필요한 이유입니다.

입시설명회 200% 활용하려면…

2013년부터 지난 10년간 서울 금천구에서 입시 전문 학원을 운영해 왔습니다. 금천구는 이른바 비학군지로 언론에서는 우리 지역 학생들의 학업 수준을 폄하하는 기사가 적지 않았습니다. 매스컴의 잔인함은 학생들의 학업에도 심각한 위기 요인이 되었습니다. 학생들은 물론 학부모님들도 '우리 애들은 잘해야 인서울'이라는 분위기가 공공연해졌습니다.

입시전문 학원장으로서 참을 수 없는 분노를 느끼며 당시 젊은 나이의 원장으로서 이 상황을 반전시키고 말겠다는 결심이 생겼습니다. 입시학원 개원 이듬해 금천구에서는 처음으로 300석 영화관을 대관하여, 입시 설명회를 개최했습니다. 학원장 개인이 개최한 설명회 중 단연 가장 큰 규모의 설명회였다고 기억됩니다. 당시 제 목표는 학업 분위기를 반전시키는 데 있었습니다. 그리고 '우리도 열심히 하면 할 수 있다! 지역을 탓하지 말자' 라는 메시지를 캐치프레이즈로 내걸었습니다. 경쟁력을 갖추기 위해 대치동의 유명 입시 컨설턴트를 초빙하였습니다. 하지만 학부모님들의 후기는 예상 밖이었습니다. 대치동의 유명세 보다 우리 동네 원장인 제 이야기가 더욱 와 닿았다는 것이었습니다.

당연한 이유일지도 모릅니다. 우리 아이들, 우리 엄마들의 이야기였기 때문입니다. 당일 조금 특별했던 설명회 덕분에 우리 지역 학생들과 학부모님들이 의욕적인 모습을 보이셨고, 상담실에서 만났을 때는 이전과 다른 반응을 보이셨습니다.

좋은 입시 설명회는 학생에게 바로 적용할 수 있는 입시 정보를 전달해야 하며 그 정보로 인해 학생이 자신의 입시에 희망과 기대를 가지고 몰두할 수 있어야 성공적인 결과를 동반할 수 있습니다. 아이의 입시 경쟁력. 좋은 입시 설명회를 선별할 수 있는 엄마의 안목이 중요한 자원이 됩니다.

이제 입시에 조금 자신감이 생기셨나요?
그렇다면 대학입시와 조금 더 친해져 볼까요?
대학 입시는 아이도 엄마도 초보자라 더욱 불안합니다.
대학입시에 대한 자가 진단으로 대학입시에 한 걸음 다가가 보세요.
불안감을 한층 더 줄어들 수 있습니다.

대학입시의 보이지 않는 손, 입시 컨설팅의 세계

대학 입시 컨설팅
왜? 언제? 어떻게?

입학시험만으로 합격이 결정되던 세대의 입시 컨설팅은 성적에 맞는 대학과 학과를 짚어 내는 '대입 원서 작성'에 집중되어 있었습니다. 전년도 합격자의 성적데이터만 있으면 현재 지원할 수 있는 대학을 잘 찾아내면 되었습니다. 하지만 입시 제도가 달라지면서 입시 상담, 컨설팅의 개념도 달라졌습니다.

현재의 입시제도에서 가장 큰 관심과 논란의 대상은 수시모집의 학생부종합전형입니다. '스카이 캐슬', '블랙 독'처럼 입시가 드라마의 소재로 관심을 인기리에 방영되었습니다. 정치인들의 청문회에서도 자녀들의 입시는 논란의 대상이 되고 그때마다 입시 제도는 여론의 뭇매를 맞습니다. 문제가 보다 확대되면 입시제도와 교육정책의 급박한 변화를 가지고 오기도 했습니다.

대학 입시가 논란이 될 때마다 도마에 자주 오르는 전형은 이른바 부모 찬스, 스펙 만들기로 불리는 수시모집, 학생부종합전형입니다. 2000년대 초에 처음 등장한 수시의 첫 이미지는 요즘처럼 복잡하지 않았습니다. 당시는 정시, 수능전형이 수시보다 압도적으로 비율이 높았고, 수시는 내신 관리가 잘 된 일부 학생들 또는 학생회장과 같은 리더십이 넘치거나 또 특정 외국어 시험 성적이 좋았던 특별한 학생들의 전유물이었습니다. 당시만 해도 대부분의 입시 상담은 정시에 관한 것이었고, 학교 선생님 또한 전지 크기의 성적별 학교 배치표를 펼치며 학생의 시험 성적에 적합한 대학과 학과를 짚어주는 정도의 상담이 진행되었습니다.

요즘은 어떨까요? 수시와 정시를 모두 활용하는 지금은 입시를 위해 준비할 것이 너무 많아졌습니다. 학생의 내신 성적을 분석해서 지원 대학의 기준점을 잡아야 하고, 학생부에 기재된 내용을 확인하여 학생의 역량이 어떤 쪽으로 경쟁력이 있는지, 모의고사 성적을 분석해 정시와 수시 중 어떤 전형이 좀 더 유리한지 등 입시 상담의 처음부터 끝까지 선택의 연속입니다. 고등학교 생활 과정에서 축적한 작은 선택들은 결과적으로 학생의 대학 입시 방향과 합격 여부를 결정하게 됩니다. 결국 학생이 보유한 서류 능력을 분석하고, 이에 맞는 대학과 학과를 설계하는 데 도움을 주는 일이 바로 입시 전문가들이 말하는 입시컨설팅입니다.

수시 설계에 따라
합격이 좌우된다

시작은 아쉬웠지만 끊임없는 학업노력 + 정시까지 고려한 수시 설계

입시 컨설팅의 핵심은 학생의 장점을 추출하는 데 있습니다. 서울의 일반고 학생의 경우를 살펴보려고 합니다. 중학교 때의 뛰어난 성적 관리 능력을 바탕으로 인근의 일반고에 진학했으나, 고교 진학 후 치열한 내신 경쟁에 밀려 1학년 성적은 내신은 3등급 중반을 넘어가고 있었습니다. 내신 등급만 본다면 정시에 집중하는 선택도 고려했을 법한데, 해당 학생은 오히려 2학년부터 내신을 끌어올리면서 학교생활 중 학업능력을 꾸준히 키워온 점이 인상 깊었습니다.

경영 경제계열을 선택하면서도 진로와 관련한 활동이 매우 화려하진 않았지만 해당 분야에 꼭 필요한 과목인 영어와 수학

만큼은 내신 관리 과정에서 눈에 띌 정도로 꾸준한 성장세를 보여줬습니다. 또한 정시까지 고려한 학습 계획은 자연스럽게 수시 지원에 있어 조금 높다고 생각한 대학을 부담 없이 지원하게 되는 원동력이 되었고 이를 바탕으로 정시까지 고려한 수시 설계는 특별한 마법 없이도 좋은 대학교에 안착할 수 있음을 보여준 사례가 되었습니다.

학년별 학업 및 교내 활동 특징

- 5개 학기 평균 내신 : 2.4
- 합격 대학 : 성균관대 사회과학계열, 성균관대 경영(논술), 건국대 경영(학종)

	1학년	2학년	3학년
학년별 내신평균 및 일부 과목 성적 변화 사례	1학년 평균 3.54 영어 원점수 97 | 2등급 수학 원점수 84 | 4등급	2학년 평균 2.18 사문 원점수 96 | 2등급 수학 원점수 91 | 2등급	3-1학기 평균 1.55 영어 원점수 96 | 1등급 수학 원점수 97 | 1등급
동아리	경영경제연구부	영화제작부 언론동아리	사회문제토론
진로연계 기타활동	경영경제진로특강 (은행원 인터뷰)	경영경제진로특강 (M&A 담당자 강연 및 인터뷰) 수학 통계발표 16회 광고 기획 발표	전공관련마인드맵활동 사회적기업탐구활동 사회변화에 따른 경제 변화 발표

다음으로 소개할 학생은 경기 일반고 학생입니다. 이 학생은 2학년 겨울방학이 되어서 처음 만난 학생입니다. 처음 상담할 때 산업공학과를 희망한다고 했지만 정작 산업공학이 어떤 학문인지 잘 모르고 또 공학에 필요한 기본적인 과목 관리도 잘 되어있지 있었습니다. 이런 학생들이 생각보다 우리 주변에는 매우 많습니다. 남고 특성상 공학 계열 관심이 많은 분위기가 있다 보니, 이 학생도 자연스럽게 기계나 전자, 화학 등의 공학 선호에 대해서는 긍정적이지만 정작 학생 스스로는 이 전공진로에 대한 관심과 이해도가 크지 않았습니다.

상담 과정에서 속된 말로 "건질 것이 없는데"라는 생각이 들 때쯤 학교에서 어떻게 지내는지 인터뷰를 해보면서 특이한 이야기를 들었습니다. 성적부터 교내활동까지 무난하게 지내다 보니 눈에 띄는 부분은 없는 상황이었지만 학급 내 미화 활동을 하거나 교내 환경정리를 하다보면 식물 관리를 도맡는 경우가 있었다고 합니다. 단순히 식물을 관상으로 키워본 적 있나 보구나 싶었지만 식물을 키워본 경험을 말할 때 학생의 눈빛은 그야말로 다른 사람 같았습니다. 조금 부담이 되겠지만 그래도 3학년 때 하고 싶은 공부를 할 수 있을 것이라는 취지로 자연스럽게 전공에 대한 변경을 준비하게 되었습니다. 학생 스스로에게도 이 부분은 꽤 흥미로웠는지 전에 없었던 적극성을 학교와 가정에서 드러내게 됩니다. 자연스레 학업에 대한 동기부여가 되었고 큰 변화는 아니지만 2학년 때 보다 유의미하게 성적이 향상되었습니다.

1,2학년 학생부가 여러모로 아쉽고, 지역 특성상 수능을 기피하는 분위기는 학생의 선택지를 좁히는 아쉬운 상황이었지만 그 좁은 선택지에서도 선택과 집중을 통해 합격한 사례는 합격의 기쁨을 넘어 이 학생에게 있어서 큰 성취감이 되었던 것으로 피드백 받은 사례가 되었습니다.

학년별 학업 및 교내 활동 특징

● 5개 학기 평균 내신 : 4.1
● 합격 대학 : 강원대 식물자원(학종), 공주대 원예 (교과), 한경대 식물자원(학종)

	1학년	2학년	3학년
학년별 내신평균 및 일부 과목 성적 변화 사례	국어 5, 수학 5, 영어 5 사회 4, 과학 4	문학5, 수학4, 기하3 화1/생1 모두 3, 영어 3 물1 5	독서 4, 확통 4 영어 4, 생2/화2 모두 3
동아리	영화영상부	과학신문반	과학실험탐구반
진로연계 기타활동	-	산업공학진로발표	식물/식량/자원/농업 키워드 중심으로 수행 평가 및 발표 활동 다수

다른 건 몰라도 국어, 영어만큼은 내신과 모의고사 모두 확실하게

마지막으로 소개할 학생은 경기도 일반고 학생입니다. 상담 학생은 매우 애매한 내신과 수학을 너무 싫어하는 전형적인 수포자 문과 학생이었습니다. 인터뷰 처음부터 글쓰기와 문학 특기자에 대한 관심이 컸던 친구인데, 특기자 진학의 문이 넓지 않은 점과 특기자 전형에 맞는 경험(대회 등)이 오히려 내신 관리에 좋지 못한 영향을 줄 수 있을 것이라 판단하여 학생부종합에 집중하게 됩니다. 다만 이 학생 또한 수학을 너무 싫어하고 지역 특성상 수능을 피하려는 모습이 역력해 지도하는데 있어 쉽진 않았습니다. 그럼에도 불구하고 꿈꾸고 있던 직업을 갖기 위해 수업 외에도 전공 진로에 대한 다각적인 탐구 경험을 보여주려 노력했으며 단순히 전공 탐구를 한 것이 아닌 교과 수업과의 연계성과 심화 요소를 다양한 과목에서 보여주게 됩니다. 이러한 점은 면접에서 전공 이해와 노력 과정에서의 긍정적인 평가로 작용하는데 좋은 바탕이 되었으며, 결과적으로 내신 대비 더 높은 학교로 진학하는데 성공한 사례가 되었습니다.

학생부 종합을 준비하면서 이 학생은 고등학생으로서 꿈과 진로의 중요성이 갖는 의미가 무엇인지 1년 내내 보여줌으로써 학생부종합전형이 갖는 순기능이 무엇인지 톡톡히 보여준 사례라 볼 수 있습니다.

학년별 학업 및 교내 활동 특징

- 5개 학기 평균 내신 : 3.8
- 합격 대학 : 경기대 문예창작(학생부종합), 단국대 러시아학(학생부교과)

	1학년	2학년	3학년
학년별 내신평균 및 일부 과목 성적 변화 사례	국어2등급 (88점) 영어3등급 (80점) 사회3등급 (86점) 수학5등급 (55점)	문학3등급 (90점) 영어1등급 (96점) 수학6등급, 경제7등급, 윤사5등급, 세계사 4등급	국어 계열 평균 2등급 영어 1등급(95) 사회 계열 평균 3등급
동아리	고전필사반	고전필사반 필름(대본작성담당)	시사동아리
진로연계 기타활동	독후감 대회 수상 웹소설 창작 활동	웹소설 창작 활동 우리말 겨루기 대회 일본어문화 발표 대회 영어말하기 경진 대회	문학 원작의 2차 창작 탐구 창작과 플랫폼의 만남 발표 2차 창작시 등장하는 '오리지날 캐릭터'의 순 기능 탐구 및 발표

입시컨설팅을 받으면 합격할 수 있나요?

입시컨설팅의 사례들을 살펴보면서 입시 컨설턴트 입장에서는 과연 효과적인 입시컨설팅이 무엇인지 고민할 수밖에 없습니다. 실제 컨설팅을 진행하다 보면 학생과 학부모의 표정과 답변을 통해 만족스러운 결과가 도출되기도 합니다. 그러나 모든 컨설팅이 이와 같지는 않습니다. 컨설팅 후 학생과 학부모의 표정이 더욱 난감해지거나 컨설팅 후 컨설턴트 입장에서 좋은 솔루션을 추출하기 어려울 때도 있습니다.

같은 입시컨설팅이지만 서로 다른 결과가 나오는 이유는 무엇일까요?

일반적으로 비슷한 학군, 비슷한 내신 등급과 유사한 진로 방향이라면 컨설팅 내용도 비슷하게 나올 것이라 생각하기 쉽습니다. 통계적 원칙에서 보면 맞는 말이지만 실제 컨설팅에서는 매번 똑같은 결과가 나오진 않습니다. 이유는 컨설팅을 받는 학생이 다르기 때문입니다. 교과와 비교과 내용이 비슷하더라도 진학 방향에 대한 생각이 학생마다 모두 다르기 때문에 서류 결과를 분석하고 이를 통해 진학 방향을 도출할 때 학생마다 동일하게 적용하기 어렵습니다. 즉, 입시를 돕는 역할이 된 '입시컨설팅'이지만 입시컨설팅만 믿으면 무조건 합격이라는 공식이 성립되지는 않는다는 이야기입니다. 앞서 언급한 바와 같이 학생의 입시 준비 서류를 분석하고, 분석된 내용에 따라 방향성을 제시할 수 있습니다. 하지만 결국 대학을 진학하는 중요한 주체는 바로 학생이기 때문에 학생이 목표로 하거나 생각하고 있는 방향성을 명확하게 제시하는 것이 가장 중요합니다.

입시컨설팅의 핵심은
목표와 방향

"무엇이 가장 궁금하신가요?"

입시컨설팅을 시작할 때 학생과 학부모님께 드리는 저의 첫 질문입니다. 앞뒤 맥락에 따라 입시 컨설팅 같기도 하고, 다른 관점에서는 운명을 가늠하는 철학관 같기도 합니다. 양쪽 모두 맞는 말이라 생각합니다. 처음 상담을 받을 때는 자신만의 목표와 계획을 가지고 있는 학생이나 전혀 계획을 세우지 못한 학생 모두 같은 표정입니다. 자신이 작성한 상담 설문지 또는 생기부 등에 대한 분석 결과를 무척 궁금해합니다.

지금 내 성적으로 어느 대학을 갈 수 있을까?
지금이라도 노력을 하면 조금 더 나아질 수 있을까?
이 선생님이 내 상황을 개선해 줄 수 있을까?

불안 속에서도 희망을 가지고 싶어 합니다. 분석 결과에 따라 한숨과 눈물이 나오기도 하고, 기대와 확신이 생기기도 합니다. 만약 현재의 자신을 확인하지 않고 입시에 성공과 실패를 결정한다면 입시 컨설팅도 운명을 점치는 일과 다를 바 없습니다. 입시 컨설팅은 결과가 아닌 과정을 설계하는 일입니다. 컨설팅만 받으면 해결된다는 생각은 결국 시키는 대로 다 하겠다는 뜻입니다. 원하는 학과, 원하는 대학, 원하는 학습방향 등 입시 컨설팅 역시 자기 주도가 되어야 만족도가 높아집니다.

"듣고 싶은 것, 궁금한 것은 미리 메모해서 오세요"

입시 설명회에서 학생과 학부모를 대상으로 항상 강조하는 말입니다. 메모 습관이 중요하지만 강조하고자 하는 바가 메모가 아닙니다. 입시컨설팅이든 간단한 입시 상담이든 듣고 싶은 것, 궁금한 것을 정리한 다음 상담에 임하라는 것입니다. 희망적이거나 불명확하지만 조심해야 할 것들을 듣기만 할 것이 아니라 서류 분석 내용을 확인하고 이를 위해 보완할 것이 무엇인지 고민해야 합니다. 그러기 위해서는 학생이 만들어가는 서류에 대한 이해는 물론 자신의 계획과 가치관이 전제되어야 합니다. 이 과정을 통해 비로소 입시에 대해 궁금한 것이 무엇인지, 듣고 싶은 말이 무엇인지 명확해지고, 상담을 통해 답변을 들었을 때 동기부여가 될 수 있는지도 가늠할 수 있게 됩니다.

상담이 시작되기 전 학부모와 학생에게 요청하는 것은 단 2가지입니다.

① 상담에 필요한 서류를 미리 요청할 것

② 상담 전까지 궁금한 점과 묻고 싶은 점을 미리 정리할 것

단순해 보이지만 핵심이 모두 담겨 있습니다.

입시컨설팅은 일반적인 상담과 달리 서류에 쓰여 있는 내용을 우선 확인해서 학생의 상황을 좀 더 객관적으로 살펴보는 과정이 필요합니다. 학생이나 학부모의 의견을 듣는 것도 중요하겠지만 학생의 상황을 파악하는 것이 무엇보다 중요합니다. 입시컨설팅의 목적이 다름 아닌 학교와 학과의 선택이고 이는 곧 실제 학생의 미래에 조금이라도 영향을 미칠 수 있기 때문에 상담에 앞서 서류를 통해 객관적인 내용을 확인하는 과정이 선행되어야 합니다.

컨설팅 과정에서 자주 듣는 질문들이 있습니다. 가장 많이 듣는 것은 '이 성적이면 어느 대학을 갈 수 있나요?'입니다. 간단한 질문이지만 답변은 매우 복잡합니다. 답변이 명확하고 간단하려면 질문은 이보다 훨씬 구체적이어야 합니다.

성적 하나만으로 대학에서 선발하는 전형은 학생부교과전형이 유일합니다. 학생부종합전형까지 포함한 포괄적인 답변을 듣고 싶은데 질문이 '성적'하나만 제시한다면 큰 틀에서 방향과

두루뭉술한 답변을 듣게 될 것입니다. 질문이 보다 구체적일수록 애매한 답변을 피할 수 있으며, 이로 인해 컨설팅 과정에서의 불필요한 시간과 비용을 줄이는 데 도움이 됩니다.

정보가 부족한 짧은 질문
➡ 광범위하고 두루뭉술한 답변

충분한 정보가 적용된 구체적인 질문
➡ 듣고 싶은 범위가 적용된 답변

그렇다면 어떻게 질문해야
좋은 상담을 이어갈 수 있을까요?

내신 성적이 3.2입니다.
어느 대학이 될까요?

학생부종합 준비하고 있습니다.
활동을 A,B,C를 했는데 또 뭘 하죠?

+ 학생부 미제출 또는 상담 때 제출 (X)

내신 성적이 3.2입니다.
학생부 교과 전형으로는 어디까지 쓸지,
학생부종합으로 지원한다면 서울권 대학
중 어느 선까지 쓸 수 있을까요?

학생부 종합전형을 준비하려 합니다.
학생부에 적혀진 내용 외에
좀 더 보완해야 할 것이 있을까요?

+ 학생부 미리 제출 (O)

크게 어려운 것은 아닙니다. 단지 입시컨설팅을 받을 때 준비 없이 방문하기보다 컨설팅 담당자가 학생을 조금 상세히 파악할 수 있도록 관련 자료를 미리 준비하기를 권합니다. 또한 컨설팅 시간에는 사전에 준비한 질문과 자료에 근거하여 상담 학생에게 최적화된 답변을 듣게 될 것입니다. 이 과정에서 추가적으로 궁금한 내용을 문의하게 된다면 컨설팅을 통해 필요한 사항을 빠짐없이 확인할 수 있을 것입니다.

입시컨설팅 사전 체크리스

★ 실제 상담 전 체크리스트를 확인해 보세요.
상담에 필요한 사전 정보를 공유할 수 있으며 상담 후에도 만족도 높은
결과를 얻을 수 있는 핵심 도구가 됩니다.

● 학생부종합전형 상담 전 기초 질문지

본 기초질문지는 학생부 종합전형에 대한 상담을 진행하기 전 이루어지는 학생부 분석과 더불어 학생의 진학계획을 같이 확인함으로서 조금 더 나은 컨설팅 결과를 도출하기 위한 목적으로 진행됩니다.

성명		고교/학과	

#1. 내신 등급 / 모의고사 등급

	전 과목 평균	국어	영어	수학	탐구 (2평균)
내신 등급					
모의고사 등급					

전공어 평균 등급		희망 전공/학과	

#2. 희망대학/학과

	대학	학과	학교 상담은?	작년 진학한 선배와 비교시 나는 어떠한가? (주관적인 입장으로)
희망대학/학과(1)				
희망대학/학과(2)				
희망대학/학과(3)				
희망대학/학과(4)				
희망대학/학과(5)				

#3. 학생이 생각하는 진학 범위
● 다음 질문을 읽고 간단하게 답변하세요

1) 내 모의고사 성적으로 진학 가능한 대학의 범위는 현재 어느 정도의 대학인가? _____

2) 고려대와 이화여대를 생각해봤다면 최저를 맞출 자신이 있는가? _____
- 고려대 계열적합성, 이대 학교추천, 기타 대학 고려 시 이 질문은 답변X

3) 학생부 종합 외 고려하고 있는 추가 전형은? _____

4) 나는 수시 지원시 어느 대학까지를 마지노선으로 보고 있는가? _____

#4. 나의 학생부 간단 이해 (학생부는 따로 분석합니다. 여기서는 학생이 생각하는 본인의 학생부 특성을 물고자합니다)
● 다음 질문을 읽고 간단하게 답변하세요

1) 내 학생부를 볼 때 가장 특별하다, 뛰어나다고 생각되는 항목이 있다면? _____

2) 내 학생부에서 가장 아쉬운 부분은? 그래서 자소서에서 보완이 필요하다면? _____

3) 3년간 어떤 성장했는지 보여주고 싶은데 학생부에서 무엇을 보여줄 것인가? _____

4) 서류와 면접 중 나는 어떤 쪽에서 좀 더 유리하다 생각되는가? _____

10대의 끝 19세, 고3의 의미

고등학교 3학년이 되면 '공부'나 '입시'라는 말 외에도 '고3'이라는 단어 자체가 이전과 다른 중압감에 휩싸입니다. 특히 요즘과 같은 입시 환경에서는 학생들의 기대치가 이전보다 더욱 높아지고 있어 입시전문가로서도 고민이 더욱 깊어지는 시기입니다.

마지막 골든타임
3학년 1학기의 의미

'3학년 1학기'는 어떤 상황을 막론하고 입시를 앞둔 고3에게 있어 가장 중요한 학기입니다. 물론 일부 전문가들은 간소화된 학생부와 특정 학교에서 고3 진로 과목 중심의 편성으로 인해 2학년 2학기를 마치는 순간 진학 방향성이 대부분 확정되었다고 분석합니다. 그럼에도 불구하고 고3은 아직 수시 준비를 하기 위한 마지막 학기, 그리고 정시를 준비하기 위한 가장 중요한 시기라는 점은 입시의 마지막 골든타임이라는 점에서 별다른 이견이 없습니다.

학생들은 고3 1학기가 되면 빈틈없는 학업 스케줄과 각자의 의지와 열정, 잘 될 것이라는 목표와 불안을 동시에 가지고 학교생활을 시작합니다. 그리고 3개월 정도 지나면 처음의 계획과 열정, 목표가 어느새 사라집니다. 불과 3개월 만에 왜 이런 일이 벌어질까요? 학생들의 반응은 대체로 이렇습니다.

"3월에는 첫 모의고사다 보니 긴장했고, 4월은 4월 모의고사와 내신이 같이 있다 보니 부담스러웠으며, 5월은 중간고사를 망치다 보니 의욕이 사라지고 걱정만 늘어 6월 평가원 모의고사도 자신감이 사라졌다"

대부분 비슷한 말을 합니다. 사실 시험 일정으로 본다면 틀린 말은 아닙니다. 3월 모의고사는 당연히 첫 모의고사니 부담스러울 것이고, 또 요즘 그나마 줄었지만 여전히 학교에서는 '첫 모의고사가 수능까지 쭉 이어진다'라는 징크스에 가까운 이야기를 매년 할 것입니다. 4월이 되면 내신에 집중하다 보니, 4월 모의고사는 가볍게 거쳐 가는 정도로 볼 것이며, 5월이 되면 중간고사도 끝났다는 안도감이 생깁니다. 성적의 결과를 떠나 한 달 뒤 6월 모의고사가 다소 멀게 느껴지니 아무래도 5월에 흔들리는 학생들이 참 많습니다. 야심찬 계획은 예비고 3 때부터 세워 두었지만, 월별로 세부적인 계획에 따른 점검을 했을 리가 만무합니다. 황금 같은 3학년 1학기는 눈 깜짝할 사이 지나가 버리게 됩니다.

고3에게 필요한 두 가지
목표와 실행력

고3이 되면 필요한 것이 참 많습니다. 그 중 가장 필요한 것은 두 가지로 압축됩니다. '어느 정도 정돈된 방향성', 그리고 '꾸준한 실천'입니다. 3학년 친구들과 이야기를 나누면 공통적으로 '걱정'이라는 단어로 3학년을 시작합니다. 걱정의 이유는 당연히 입시겠지만 조금 더 구체적인 이야기를 들어보면 심리적인 문제가 큰 편입니다. 입시 준비 방향을 제대로 정하지 못했거나, 어느 정도 방향을 정했다 하더라도 계획대로 되지 않았을 때의 불안감, 그리고 지금의 문제를 개선하기 위해 해야 할 일이 무엇인지 알 수 없는 막막함이 3학년 내내 계속된다는 점입니다. 상담을 받고 멘탈을 관리하고 컨설팅을 통해 자신의 위치, 향후 목표가 정리되더라도 걱정은 계속됩니다. 걱정과 불안을 1년 내내 반복되는 악순환으로 이어져, 매번 시험이 끝날 때마다 또다시 "이제, 또 다음은 어쩌지?"라는 고민이 멈추지 않습니다. 그러다 어느새 1학기가 마무리되고, 수시 원서 접수 시기가 다가오면 답답함은 한계에 달합니다.

본인만의 입시계획과 확정된 방향성이 있음에도 불구하고 불안감과 고민이 계속되는 이유는 바로 '꾸준한 실천'이 병행되지 않거나, 지속적인 유지와 관리가 이루어지지 않았을 확률이 높습니다. 이와 달리 학기 초 설정한 목표를 '꾸준히 실천' 하는 학생들도 적지 않습니다. 자신만의 학습계획과 목표를 갖추고 실행하고 있는 학생들 역시 겉으로 드러나지 않는 불안감이 있습니다.

결국 고3이라면 현재 위치에서의 불안은 피할 수 없는 감정이라는 공통점이 있습니다. 결국 자신의 목표와 현 위치에 대한 '정확한 파악', 그리고 지금보다 더 나은 결과를 위해 '꾸준한 노력', 이 두 가지 키워드가 고3이 갖추어야 할 가장 기본적이면서도 필수요건이라 할 수 있습니다.

'흔들림'에 대한 안타까움
시험이 나를 속일지라도…

입시 현장에서 학생들을 곁에서 지켜보면 매년 비슷한 감정을 느낍니다. 방향과 실천의 문제 외에도 흔들림이라는 안타까운 광경을 보게 됩니다. '주변의 흔들림'과 '주변에 의한 흔들림' 역시 고3의 전유물인가 싶을 때도 있습니다.

'주변의 흔들림'은 학교생활에서 가장 흔하게 볼 수 있는 현상으로 주변 친구들의 모습이 수험생 본인에게도 영향을 끼치는 점입니다. 보통 고3 내신 시험기간을 전후하여 나타나는 가장 흔한 사례입니다. 주변의 환경에 휩싸여 시험을 망치는 경우도 있지만, 주변 친구들의 입시 계획을 자신의 상황에 비교하거나 대입시켜 보는 과정에서 원래의 계획이 흐트러지고 균열이 생기기 시작합니다.

가장 흔한 사례는 수시에서 정시로 돌아서는 정시 파이터입니다. 일반적으로 수시전형을 목표한 학생은 내신관리가 가장 중요합니다. 성적관리를 최우선으로 하되 시험기간을 제외한 시기에는 당연히 학생부 관리는 물론 수능 최저를 맞추기 위한 또는 정시까지 대비를 위한 수능 모의고사 공부가 필요합니다. 하지만 3학년 1학기 중간고사가 망했다는 이유로 손쉽게 꺼내는 카드가 바로 '정시 전형'입니다. 흔히 말하는 '정시 파이터'인데, 물론 전적으로 나쁘다고 할 수는 없습니다. 전략은 다시 바꿀 수 있으니까요. 하지만 전략을 바꾸게 된다면 바뀐 원인을 명확하게 파악하고 앞으로 어떻게 학습 일정을 재조정해야 할 것인지, 또 현재 정시로 바꿨을 때 어느 수준을 목표로 잡을 것인지 등 바뀐 전략에 대한 자기만의 계획이 필요합니다.

대부분의 학생들이 이 부분을 간과한 채 '정시가 나을 것 같다'는 섣부른 선택을 합니다. 이 경우 비시험기간에는 모의고사에 총력을 기울여야 하지만 결정 따로 준비 따로인 경우가 많습니다. 아직 수능까지 약 200일 넘게 남은 시점이라는 생각에 다소 먼 미래의 일로 생각하는 경우가 많습니다.

N수가 힘든 이유 역시 이와 같은 맥락입니다. 학습량이 많아서 힘든 것도 있지만 바로 11월 수능까지 긴 레이스를 펼치게 되면서 자기 페이스를 조정하기가 힘든 경우가 많습니다. 긴 시간 지속적으로 외부 환경의 유혹을 관리하면서 집중력을 유지하기란 여간 어려운 일이 아닙니다. 처음부터 정시를 준비한 학생들이 아닌 중간고사 결과 하나로 즉각 정시로 진로를 바꾼 학생들은 정시에 대한 장기적인 계획이 없는 상태라면 갑작스러운 진

로 변경은 여러 가지 주변 상황에 계속 흔들릴 수밖에 없습니다.

상담실에서 만난 학생들은 자신의 상황과 선택이 '더 나은 결과'가 나올 것이라고 주장하지만, 실제 만족스러운 결과를 가져오는 경우는 극소수에 불과합니다. 이 시기 학생들은 불안한 상황에서 조금 더 편하거나 조금 더 수월해 보이는 길을 찾고자 합니다. 물론 대학 진학을 어렵지 않고 생각한다면 쉬운 선택일 수 있습니다. 문제는 내가 목표한 대학이었는지 그렇지 않은지입니다.

어느 대학이든 입학이 목표라면 당장 쉽고 편한 길을 선택할 수 있습니다. 하지만 누구나 목표하고 있는 좋은 대학이라면 경쟁률이 치열할 것이며, 그에 따른 노력과 수고가 반드시 뒷받침되어야 한다는 사실도 기억해야 합니다.

결국 입시는 나와의 싸움
주변에 의해 흔들릴 것인가?

'주변의 흔들림'과 달리 '주변에 의한 흔들림'은 주로 '선택'의 기로에 놓일 때 발생합니다. 입시 전형을 선택하거나, 지원 대학을 선택할 때를 말합니다.

처음 고3이 되었을 때 학생들은 저마다 나름의 계획을 가지고 있습니다. 입시 상담 과정에서 만나는 학생들의 속마음을 들여다보면 대체로 자신의 계획이 맞는지 또는 수정할 바는 없는지 검토 받고 싶어 하는 모습을 보게 됩니다. 결국 입시를 어떻게 준비하고 싶은지를 들어보면 저마다의 상황이 다릅니다.

내신 성적이 같은 경우라 하더라도 어떤 학생은 내신 성적을 기반으로 학생부 관리를 통해 예상 가능한 대학보다 조금 더 나은 상황을 만들고자 하는 경우가 있습니다. 또 어떤 학생은 현재의 내신 대가 맘에 안 들지만 수시를 버릴 수는 없으니 정시를 기본적으로 준비하되, 수시는 내신 부담이 적은 논술을 준비하겠다는 등의 현재의 상황과 자신의 목표를 연결하여 각자 야심찬 계획을 내놓습니다.

내용을 검토하는 입장에서 살펴보면 학생들이 쌓아온 경험과 활동이 타당한 근거와 스토리를 갖추고 있으면 최종 목표가 바뀌더라도 스스로 납득하고 수정된 목표에 따라 자신의 진로 스토리를 만드는 데 큰 어려움이 없습니다. 반면 자신의 상황보다 목표가 지나치게 높을 경우 또는 자신의 계획에 대한 근거와 역량이 부족할 경우, 외부의 조언에 쉽게 흔들리게 됩니다. 실제 상담 횟수가 많고 의논할 사람이 많을수록 의견을 하나로 모으기 힘들며, 심지어 전문가마다 다른 의견을 내놓는 경우도 비일비재합니다.

　대표적인 경우가 학교와 학원 측의 입장이 다르거나, 어느 전형에 집중해야 할지 의견이 상충할 때, 학생의 계획이 흔들리게 됩니다. 학생 입장에는 학교 선생님과 학원 선생님의 조언이 다를 경우 결정에 어려움을 느꼈습니다.

학생
"내신이 약하니 정시로 갈 생각이라 지금부터 모의고사를 이렇게 준비할 것이고 1,2월 동안 이렇게 공부했습니다".

"내신이 애매하니까 지금 내신이나 잘해서 수시를 쓰는 게 어때?"
학교 선생님

학원 선생님
"내신은 아쉽지만 모의고사를 열심히 공부하고 있으니 논술을 같이 해보는 것은 어떨까"

　학생의 계획, 학교와 학원 선생님의 입장과 조언이 달랐습니다. 이렇게 주변의 조언과 반응으로 인해 학생은 고민이 깊어졌습니다. 저는 이럴 때, 학생의 속마음을 듣는데 주력합니다. 결정의 주체는 학생이고 또 학생 스스로가 어떤 근거에 더 확신을 가졌는지, 그리고 노력한 부분이 어느 쪽에 좀 더 무게가 있는지를 스스로 판단하면 이 문제는 그렇게 어렵진 않게 해결된다고 생각했습니다.

　선생님 말씀이 무조건 옳다고 판단하기에 학생에게 조언할 수 있는 선생님 여러분 계셨고, 선생님들 간의 견해도 다를 수 있습니다. 또한 자신의 진로와 결정을 다른 사람에게 의지하는 것 역시 학생 본인에도 책임감 있는 태도가 아닙니다. 대학은 결국 학생 본인이 선택해야 하는 것이기 때문입니다.

　'주변의 흔들림'이든, '주변에 의한 흔들림'이든 공통적으로 흔들리는 주체는 학생 본인입니다. 스스로의 기준을 세우고 주변의 반응에 흔들리지 않고 현재의 내 학업 상태를 명확하게 파악해야 합니다. 이를 통해 자신의 강점과 약점을 확인한 뒤, 약점에 대한 보완과 강점에 대한 강화를 통해 자기만의 근거와 방향성을 흔들림 없이 끌고 나갈 때 목표지점에 도달하게 될 것입니다.

원하는 대(大)로 가는 공부습관

'후회 없었던 고3'이 되려면 '습관'을 먼저 챙기자.

계획과 실천 사이에는 "습관"이라는 녀석이 필요합니다.

계획을 세운 후 실천하면 좋겠지만 계획대로 되지 않는 이유는 실천을 할 수 있는 습관이 만들어지지 않았기 때문입니다. 새해가 되거나 새 학기가 되면 이제부터 열심히 공부해야겠다는 마음가짐을 새롭게 하지만 시간이 조금만 지나면 결심은 쉽게 무너지고 처음 계획은 사라지게 됩니다. 그래서 선생님께 또다시 공부를 잘하고 싶다는 뜻을 전하기도 하고 구체적인 상담도 진행해 봅니다. 저 역시 상담실에서 해마다, 빠짐없이 듣는 레퍼토리입니다.

반복되는 상황에도 불구하고 개선되지 않는다면 결국 해법은 한 가지입니다.

공부하는 습관, 자신만의 학습법을 만드는 일입니다. 좋은 학습법은 군이 애써 찾지 않아도 시중에서 파는 책, 유튜브, 포털 사이트 등으로 이미 잘 알려져 있습니다. 어떤 학습법도 좋으니다. 학생들도 스스로 찾아보면서 자신들에게 맞는지 방법을 고민했을 거니까요. 중요한 것은 그 학습법을 얼마나 오래 유지하면서 공부 실력을 키워가게 되느냐 입니다. 고3 수시접수가 9월, 수능이 11월입니다. 그렇기 때문에 처음 마음먹었던 것들을 11월까지는 꾸준히 이어가기 위한 노력이 중요합니다.

자신만의 계획을 실천하는 데 가장 중요한 것이 바로 습관입니다. 적은 시간이라도 괜찮습니다. 하루 종일 공부하면서 며칠 만에 흐지부지되는 것보다 짧은 시간이라도 나에게 맞는 방법을 찾아 꾸준히 공부기간을 늘려가는 습관이 훨씬 효율적입니다. 매일 성장하는 시간을 통해 입시 원서를 쓸 때 즈음이면 학업능력 또한 그 시간만큼 성장했을 것이라 확신합니다.

 1. 나만의 공부 계획표 만들기
오늘도 계획을 세우는 데 의미를 두는 건 아니겠지…

'초등학생도 아니고 계획표라니'라고 생각할 수 있습니다. 이 글을 쓰는 저도 계획표에 대해서는 사실 긍정적인 기대보다는 의심스러운 시각이 어느 정도 있습니다. 학생들의 계획이 제대로 지켜지는 경우는 많이 않습니다. 그럼에도 불구하고 계획은 필요합니다. 계획은 어떻게 세우고 지켜나가야 할까요?

　　많은 학생들과 상담을 해보면 대부분의 학생
들이 계획의 필요성에 대해서는 공감하고 있습니다. 다만
　　① 어떻게 계획해야
　　② 꾸준하게 유지할 수 있는지
고민하다 보니, 계획이 계획대로 이뤄지지 않을 뿐입니다.

　　학생마다 성격, 성향 그리고 행동에 대한 가치관이 똑같을 순
없습니다. 그렇기 때문에 어떻게 계획하면 지킬 수 있을지 몇 가
지 조건을 아는 것이 중요합니다. 남들과 같은 과목, 같은 진도를
담은 천편일률적인 계획보다는 자신의 성향, 상황, 그리고 목표에
맞는 "부담이 덜한" 계획부터 꾸준히 실천해 보기를 권합니다. 가
장 훌륭한 계획은 본인이 할 수 있는 만큼 세우는 겁니다. 계획의
이행도가 90%가 넘는 학생은 반드시 입시에서 성공한 결과를 보
여주었습니다.

 2. 평일 "공부" 시간은
"정리"와 "습관"을 키우는 목적으로 활용하기

학습과 관련하여 자주 등장하는 표현입니다. "하루에 몇 시간 공부하니?" 먼저 하루 24시간 동안 학교에 있는 시간은 일단 빼야겠죠? 수업은 말 그대로 수업을 들은 것이므로 자기 공부를 한 것은 아니니까요. 그리고 학원 또한 수업을 듣는 셈이니 해당사항이 없겠죠? 아주 일부 학생들은 자투리 시간이라고 해서 등하교 시간, 쉬는 시간, 버스 등 이동하는 시간에 공부하는 경우가 있겠지만 이것도 일반적이라 하기 어려우니 제외하겠습니다. 정말 남는 시간이 몇 시간 되지 않습니다. 아침에 집을 나선 후 학교와 학원을 거쳐 집 또는 독서실에 도착한다면 아마 밤 10~11시 사이가 되지 않을까요? 평일 공부는 아마 여기서부터 시작일 것 같습니다. 여기서 학생들은 늦은 시간 숙제하느라 정신없거나, 오늘 배운 내용을 정리하고 자기만의 학습 과정을 짧게나마 만들어갈 것입니다.

숙제는 배운 것을 정리하는 과정이라 볼 수 있으나 배운 것을 기억하고 반복하는 과정에 가까운 과제도 있으니 이 역시 온전한 자기 공부 시간이라 보긴 어렵겠습니다. 학습량이 많다고 다 좋은 것은 아니지만 굳이 학습량을 산술적으로 계산해 본다면 투입한 시간의 절반 정도가 맞는지도 모릅니다.

공부도 스스로 정리해서 내 것을 만드는 시간이 필요하다는 것은 누구나 아는 사실입니다. 게다가 학원까지 다녀온 후 집에서 다시 공부하려니 시간이 부족합니다. 그렇기 때문에 평일 공부는 시간이 중요한 것이 아닙니다.

① 꾸준하게 공부하는 '습관'을 기르는 목적

② 당일 배운 것들을 내 것으로 만드는 시간

으로 활용하면 좋겠습니다.

이 정도라면 3~4시간의 학습시간이 필요하진 않겠죠. 배운 양에 따라서는 한두 시간 안에 완벽한 정리가 될 것입니다. 그러기 위해서는 최적화된 공부 방법이 필요합니다. '혼자만의 공부시간'을 효율적으로 활용하는 학생들은 자기 자신에게 맞는 공부 방법을 가지고 있습니다.

우리 아이가 자신만의 학습법,
올바른 공부기술을 가지고 있는지
꼭 살펴보시기 권합니다.

Chapter
3

2022
개정 교육과정을 대하는
엄마의 자세

2022 개정 교육과정의 핵심, 고교학점제

최근 교육계의 가장 큰 이슈는 '2022 개정 교육과정'입니다. 2022 개정 교육과정은 교육부가 올 하반기 새롭게 고시하는 국가 교육과정입니다. 교육과정이 바뀌면 교과목 구조나 내용이 바뀌는 만큼 입시제도에도 일부 변화가 예상됩니다. 당장 2024학년도부터 초등학교 1·2학년을 대상으로 처음 적용되며, 2025학년도에는 중학교 1학년, 고등학교 1학년에 적용됩니다. 그리고 새 교육과정이 반영된 대입은 2028년, 즉 2025년 고등학생이 되는 1학년 학생들이 고3 수험생이 되어 치르는 입시에 적용되게 됩니다.

2022 개정 교육과정
교육과정은 바뀌어야 할까요?

'드론 전문가', '콘텐츠 크리에이터' 등 과거에는 생각하지 못했던 새로운 직업이 등장했습니다. 코로나19와 같은 예상하기 어려운 상황이 발생하면서 사회 전반에 걸쳐 시스템의 변화도 불가피했습니다. 이에 따라 교육당국은 학교 시스템 역시 변화를 유동적으로 수용하여 반영하고자 교육과정도 변화가 필요하다고 판단하고 있습니다. 2022 개정 교육과정은 변화하는 사회에 잘 적응할 수 있는 자기주도적 인재를 양성하는 것을 목표로 하고 있습니다. 특히 교육부는 이번에 개정되는 교육과정을 두고 "미래교육을 위한 대전환" 이라는 키워드로 대대적인 개편을 예고하기도 했습니다.

2022 개정 교육과정은 무엇이 어떻게 달라지는지 함께 알아볼까요? 핵심은 2가지입니다. 하나는 개정 교육과정이라는 말과 함께 요즘 가장 들리는 또 다른 교육 용어 '**고교학점제**'가 있고, 그리고 고교학점제에 따라 '**교과 개편**'도 관심이 높아지고 있습니다.

중학생들의 최대 관심사
고교학점제란?

고교학점제란?

학생이 기초 소양과 기본 학력을 바탕으로

진로, 적성에 따라 과목을 선택하고

이수기준에 도달한 과목에 대해

학점을 취득, 누적하여 졸업하는 제도

교육부가 밝힌 고교학점제를 쉽게 설명하면 '고등학생들이 자신이 희망하는 진로에 따라 다양한 과목을 선택하고 이수하는 제도'입니다. 이때 선택과목의 이수 단위가 '학점'으로 명칭이 바뀌는데, 이 제도가 갖는 가장 큰 특징은 대학생처럼 고등학생들이 자유롭게 과목을 선택하고 이를 통해 자신의 학점을 채우면서 졸업을 준비하는 제도입니다.

영화 해리포터를 보면 마법학교 학생들이 자신이 선택한 과목에 맞춰 이동하는 모습과 선택한 과목에 대해 좋은 선택인지 여부를 고민하는 것, 그리고 선택과목을 이수하기 위해 앞서 이수해야 할 것이 무엇인지 생각해보는 장면들은 지금 말하는 고교학점제 학점제와 굉장히 흡사합니다. 현재 우리나라에서는 고교학점제와는 상황이 다르지만 영재학교와 민족사관고등학교와 같이 학점제를 운영하는 학교가 있으며, 2022년 현재 전국의 마이스터 고와 특성화고, 그리고 일부 인문계고(선도학교)를 중심으로 고교학점제가 시작되었습니다.

| 고교학점제 **학교에서 어떻게 운영되나요?**

고교학점제가 도입되면 다음의 단계에 따라 학사제도를 운영할 수 있습니다.

(교육부, 2021)

우선 학생의 과목 선택 자율권이 이전에 비해 크게 높아지다 보니 학생들 입장에서는 수업에 대해 자기주도적인 시각을 가질 수 있다는 점에서 긍정적입니다. 반면 학생들은 그동안 선택권이 없었던 교과목 수강에 대해 이제 주도적으로 선택해야 한다는 점에서 부담이 될 수 있습니다. 앞으로의 정책 변화에 적응하는 것과 더불어 지금부터 준비해야 할 것들에 주목해야 합니다.

고교학점제
출발점은 진로 탐색

고교학점제는 분명히 장점이 많은 제도입니다. 현재 중학교 1학년 (2009년생) 학생들부터 전면 시행되는 고교학점제는 현재의 '선택 이수제' 보다 더욱 확장된 개념의 교과를 선택해야 합니다.

학교는 학생들이 어떤 선택과목을 듣고 싶어 하는지 수요 조사를 통해 개설할 과목을 결정하고 수강신청을 받습니다. 학생들의 자신의 진로와 연관이 있거나 흥미가 있는 과목을 스스로 선택하여 시간표를 구성할 수 있으며 학교 밖 교육과정까지 확장하여 교과목을 선택할 수 있습니다.

선택과목의 경우, 친구들과 과도한 경쟁을 지양하는 절대 평가로 성취도를 평가하므로 스스로 자신에 맞는 학업 설계가 가능합니다. 하지만 현실은 기대와 다를 수 있습니다. 좋은 제도임에도 불구하고 제도의 사각지대에 학생들도 발생할 수 있습니다. 특히 자신의 진로를 위해 당장 무엇을 선택해야 할지, 무엇을 하고 싶은지 모르는 학생들입니다. 고교학점제가 시작되면서 가장 먼저 고민해야 할 것이 바로 진로에 대한 탐색 경험이 우선되어야 한다는 점을 유념해야 합니다.

첫 단계 진로 탐색단계에서는 자신의 흥미와 적성을 살펴보고, 진로를 탐색해 보기를 권합니다.

현재 중학교 1학년인 여학생을 사례로 살펴보겠습니다. 만약 평소에 옷에 관심이 있고, 의상 디자인에도 흥미를 가지고 있다면 옷과 관련된 일, 옷과 관련된 전공 공부를 위해 필요한 과목 등을 고민해 볼 수 있습니다.

1. 진로 탐색 단계 (중학생 ~ 고1)

2. 진로 방향에 따른 과목 선택 예시 (고2, 고3)

3. 고3이 되었을 때 입시는 어떻게?

진로 탐색에 따른 과목 선택 후 노력 과정	대입을 위한 가장 기본적인 노력
- 과목에 따른 수행평가 적극적 참여 - 발표, 토론 과정에서 관심 분야 및 교과 심화 탐구 - 수업 전반에 걸친 적극적 태도	- 수시모집을 위한 철저한 "내신 관리" - 수능 대비를 위한 "모의고사 경험 충실"

중학교 재학 중 진로 탐색이 어느 정도 완성된다면 고등학교 진학 후 고교학점제 내의 교과목을 선정하는데 자신만의 로드맵을 갖출 수 있습니다. 자신의 전공과 관련된 패션디자인, 섬유 공학, 의류 산업과 경영 등의 영역과 연관된 교과목을 신청할 수 있습니다. 이후 고3 입시생이 되었을 때는 교과 심화 탐구는 물론 수시모집 시 학생부 종합전형을 대비할 수 있습니다. 학생 입장에서는 자신의 강점과 역량에 집중할 수 있어 교과와 입시 모두 내실 있는 제도로 운영될 수 있습니다.

학점제 특성상 과목을 자유롭게 선택해야 하는데, 과목 선택에는 분명 '이유'라는 것이 필요합니다. 특정 과목을 선택한 이유가 뚜렷할수록 해당 과목을 통해 배울 점, 성취하고자 하는 목표 또한 뚜렷해질 것입니다. 진로와 연결된 과목 선택이 학업에 있어 동기부여의 역할이 되려면 자신이 관심을 둔 공부를 통해 진로계획을 어떻게 마련해야 할지 계획해 보는 과정이 필요합니다.

고교학점제가 불러올 변화
그리고 변하지 않는 진실

2022 개정 교육과정은 학생들의 학교생활과 교육 현장에서도 큰 변화가 예고됩니다. 고교학점제를 비롯한 학생의 선택권 확대를 비롯해, 수업 시수의 경감을 통한 학생의 학업부담 완화, 그리고 인공지능, 정보, 환경 등의 수업 영역의 확대로 학생들의 학습동기와 흥미도 높아질 것이며 이전 세대의 학교생활과는 확연히 달라진 모습이 예상됩니다.

진로 선택은 미리미리

학교생활과 교육 내용 등에 변화가 예고되지만 그럼에도 불구하고 결코 변하지 않은 것도 있습니다. 학생들의 학업능력. 즉 성적관리의 중요성은 중요성과 진로에 대한 방향성은 여전히 중요합니다. 고교학점제를 통해 학생들의 자기 선택권이 확대되는 만큼 학생들은 당장 어떤 계획을 세워야 할지 정할 수 없겠지만 지속적으로 자기 자신을 탐구하고 진로를 고민하는 시간과 기회를 미리 확보야 합니다.

입시의 측면에서도 역시 중요합니다. 학생부종합 전형을 선택하는 학생들이 보통 진로, 학과에 대한 고민을 고등학교 진학 후 선택하는 경우가 많습니다. 하지만 고교학점제가 시행되면 이러한 고민을 중학교 시기에 마무리되어야 합니다. 고등학교 입학 직후 고교학점제 수강과목을 바로 선택해야 한다는 점을 감안하면 중학교 때 자신의 흥미와 적성을 파악하고 진로를 설계하는 시간을 마련해야 합니다. 물론 앞서 말했듯 진로를 서둘러 선택해야 하는 것은 아닙니다. 꿈은 당연히 바뀌고, 그에 따라 진로 방향성이 바뀌는 것은 굉장히 자연스럽습니다. 적어도 자신이 어떤 성향인지, 어떤 분야에 관심을 갖고 있는지 중간 과정에서 변화하더라도 왜 바뀌었는지 정도의 근거는 가지고 있어야 합니다. 고교학점제 의 시작 단계에서 시행착오 없이 대응할 수 있을 것입니다.

성취 평가에 대비하자

현재 개편되고 있는 교과들 또한 고교학점제에 부합된 평가체제에 맞춰가고 있습니다. 즉, 기존의 상대평가 중심의 평가 방식에서 진로 과목을 시작으로 조금씩 성취평가제로 변화하고 있습니다. 고교학점제가 본격적으로 시작된다면 성취평가제의 적용

범위도 더욱 확대될 것이기 때문입니다. 입시와 관련된 주요 과목을 제외한 교과에 대해서는 몇 명의 친구를 이기는 것보다 스스로 학습한 내용의 결과를 성취평가제에 어떻게 담아내는가를 고민해야 합니다. 특히, 학습에 대한 깊이, 교과목 간의 연계성, 그리고 학습 과정에서의 성찰을 중시하는 방향으로 변화되는 만큼 이전과는 다른 학습 방법으로 접근해야 합니다. 이와 함께 '공부의 기본'은 점수와 등급이 아닌 학습 그 자체의 깊이와 탐구로서 공부 본연의 태도가 결국 학업 성취도를 높이는 방식으로 생각의 전환이 필요합니다.

고교학점제. 이것만 기억하세요!

2022년 개정 교육과정에 맞춰 25년 전면 시행 되는 고교학점제는 생각보다 간단합니다.

기초 소양 + 디지털 소양

아무리 시대가 바뀌어도 바뀌지 않는 기초 소양, 언어, 수학 능력에 디지털 소양을 위해 배우게 되는 정보나 Ai(인공 지능) 관련 과목들을 구분하여 접근해 보세요.

전통 과목들은 기초 훈련을 튼튼히 하고, 변화가 융합된 과목들은 과목을 선택할 수 있는 안목을 기르면 됩니다. 새로운 과목은 새로운 진로, 새로운 전공에서 팁을 얻을 수 있습니다. 부록에 수록된 각 대학의 신설학과 분석에서 숨은 보물을 찾아보세요!!

고교학점제를 이해하는
핵심 키워드

고교학점제의 핵심은 '학생이 자신의 진로에 따라 과목을 선택하고 이수하게 하여 누적 학점이 기준에 도달할 경우 졸업을 인정받는 제도'입니다.

말 그대로 해석해 보면 교과를 학점제로 바꾼다는 말입니다. 결국 출석만 잘 하면 졸업이 되는 방식이 아니라, 잘 배웠다는 증명을 받아야 졸업을 하는 방식으로 변화되었다고 볼 수 있습니다. 학생이 배우고 원하는 과목을 배우게 하고, 선택한 과목에서 성과를 냈을 때 졸업이 가능한 방식이라는 의미입니다. 큰 틀에서는 고교 교육의 패러다임이 전환되었다고도 볼 수 있습니다.

고교학점제의 정확한 교과 편성이 발표되지 않았습니다. 교육부가 발표한 정책 설명 자료에 의하면 일부 과목을 유추해 볼 수 있습니다. 고교학점제를 제대로 이해하기 위해서는 과목 구조를 먼저 이해해야 합니다. 고교학점제의 가장 큰 구조의 변화는 일반 선택과목, 융합 선택과목, 진로 선택과목으로 편성할 예정으로 볼 수 있습니다.

교과의 경우 큰 틀에서는 기초소양으로서 언어, 수리 외 디지털 소양이 추가됩니다. 모든 교과별 교육과정에 적용되며, 초등학교 34시간, 중학교 68시간, 고등학교는 정보 교과 신설 후 선택과목을 개설하게 됩니다. 또한 생태 전환교육과 민주시민교육 등 공동체 가치 교육도 강화됩니다. 특히 기후환경 변화 등에 대응하는 생태환경 교육을 교육목표와 전체 교과의 내용 요소에 반영하기로 했습니다. 소규모 학교 및 초·중등 통합 운영학교 지원 체제를 마련하고, 직업계고에서는 직업 생활의 공통 기본 소양으로 노동인권 및 안전의 중요성을 강화하게 됩니다.

고등학교는 고교학점제 기반으로 교육과정이 전면 개편됩니다. 학생들은 총 192학점을 따야 졸업할 수 있습니다. 1단위를 이수하려면 한 학기 17주간 수업을 들어야 했지만 앞으로는 1학점에 16회로 단축했습니다. 교과 등 필수 이수 학점은 94단위에서 84학점으로, 자율 이수학점은 86단위에서 90학점으로 늘어나게 됩니다. 창의적 체험활동은 18학점(288시간) 이수해야 합니다.

고교 교과는 공통과목과 선택과목으로 나뉩니다.

과목구조

〈현행 고교 과목구조〉

교과	과목
보통 교과	공통과목
	일반선택과목
	진로선택과목
전문 교과	전문교과 I (심화교육)
	전문교과 II (직업교육)

〈개편안(2025학년도)〉

교과	과목	
보통 교과		공통과목
	선택 과목	일반선택과목
		융합선택과목
		진로선택과목
전문교과	전문공통/전공일반/전공실무	

고교학점제를 제대로 이해하기 위해서는 과목 구조를 먼저 알아야 합니다.

과목 구성 및 수업

편제	공통과목	선택과목		
		일반선택과목	융합선택과목	진로선택과목
이수 시기	1학년 1~2학기	1학년 2학기 ~ 3학년 2학기		
과목 예시	수학(기본수학) 통합사회 통합과학	미적분, 확률과 통계 윤리와 사상 생명과학 I	인공지능수학 여행지리 융합과학	심화수학 국제정치 고급물리학

1학년 때 공통과목을 배운 뒤 2~3학년 때 본인의 적성과 진로에 맞는 수업을 선택할 수 있습니다.

공통과목

공통과목인 국어, 수학, 영어, 사회는 10단위에서 8학점으로 줄어 각 과목당 35시간씩 105시간이 줄었습니다. 한국사 6학점, 과학은 10학점(통합과학 8학점·과학탐구실험 2학점)을 필수 이수해야 합니다. 당초 한국사는 기존 6단위에서 5단위로 축소하는 방안이 추진되는 것으로 알려져 논란이 됐지만 기존과 같은 6학점을 유지하게 됐습니다.

선택과목

선택과목은 진로 선택 과목과 융합 선택 과목으로 나뉩니다. 사회 일반선택과목 중 '경제'는 제외됐으며, 융합 선택과목 중 교양과목 '인간과 경제활동'으로 바뀝니다. 실생활 체험 및 응용을 위한 융합 선택과목도 신설합니다. 현행 진로 선택과목은 다양한 진로 및 심화 학습으로 개편하고, 특수목적고에서 개설됐던 '전문교과 I'은 일반고 학생들도 선택할 수 있도록 보통교과로 통합합니다. 직업계고의 경우 학생들이 원하는 대로 세부전공과 부전공, 타 전공과목을 이수할 수 있도록 선택 자율이수 학점을 확대합니다.

고교학점제 시행으로 교과목 상에서 가장 먼저 변화가 생기는 것은 국영수 수업 시간의 축소입니다. 미디어마다 조금씩 통계치는 다르지만 평균적으로 국영수 한 과목당 평균 35시간씩 줄어들어 총 105시간의 수업 감소 문제가 발생합니다. 국영수 수업이 줄어드는 만큼 아이들 입장에서는 학업 부담이 감소되는 효과가 있으나 반대로 본다면 이수해야 할 과목과 학습량이 같이 줄어들지 않았기 때문에 학업 역량을 채우는 공백이 발생할 것이라는 우려도 보입니다. 진로 선택 때와 비슷한 결론이 되겠지만 공통적으로 고교학점제에서 우위를 점하기 위해서는 성적을 만드는 노력만큼 "자기주도적", "적극적" 자세가 바탕이 되어야 할 것 같습니다. 큰 틀에서의 입시도 분명 변화할 것으로 예상되지만 현행 입시에서는 수시모집과 정시모집을 모두 고려한 학업능력을 갖추는 것이 대입에서 유리한 만큼 국영수 수업 시간 감소에 따른 부분에 대해서는 학생들의 자기주도적인 학업 태도를 바탕으로 배움을 채우기 위한 노력이 필요할 것입니다.

고교학점제는 학점을 누적하여 졸업이 가능한 기준을 세워야 졸업을 인정, 즉 졸업을 시켜준다는 원칙입니다. 학점을 누적한 다는 말은 대학의 학점제처럼 F학점을 받을 경우 이수 학점으로 인정되지 않기 때문에 진급과 밀접한 관련이 있습니다. 아직 세부적인 기준이 마련되지 발표되지 않았지만 성적과 진급, 졸업이 가능한 기준과 졸업 인정 등의 기준이 명확하게 설정될 것이라 예측됩니다.

2020년부터 이미 마이스터고에서 실시되고 있는 고교학점제의 경우 교과와 창의적 체험활동을 합산하여 최저 192학점을 이수하도록 했습니다. 한 학기당 32학점을 총 여섯 개 학기에 걸쳐 이수할 수 있는 시간입니다. 보다 세부적으로는 일부 학생이 다섯 개 학기 동안 조기 이수할 수 없도록 최대 이수 학점도 정해 놓을 수도 있습니다. 결국 고교학점제가 누적 학점 관리와 성적 관리의 기준, 졸업 인정에 대한 규정이 통합적으로 운영될 수밖에 없습니다. 고교학점제를 보다 명확하게 이해하기 위해 제도에 적용될 용어들도 미리 이해해 두시는 편이 좋습니다.

고교학점제가 입시제도의 변화를 불러올까?

고등학교의 평가가 절대평가로 돌아서면 대학은 학생을 어떤 기준으로 선발할까요?

당연히 우수한 학생을 자신들만의 기준으로 선발할 것입니다.

중요한 것은 정해진 정원만큼 뽑는다는 점입니다.

아무리 학령인구가 줄어도 학생과 학부모가 선호하는 대학은 무조건 상대평가를 해야 학생을 선발할 수 있습니다. 결국 우수한 순서대로 줄을 세워야 한다는 것인데, 대학은 어쩔 수 없이 모든 지원자의 순위를 매길 수밖에 없습니다.

학생부 자료가 절대 평가로 바뀌어 간다면 대학이 정말 공정하게 평가할 수 있을까? 학부모님들의 걱정은 더욱 커질 것입니다.

우리 사회에서 입시의 공정성은 심심치 않게 공격을 받아 왔습니다. 유명 정치인에서, 고위 공직자, 이른바 스펙 나누기를 하는 대학교수와 사회지도층까지 대학 전형이 특혜 또는 현대판 음서제도로 불린 적도 있으니까요. 학부모 입장에서는 입시가 사회적 문제로 거론될 때마다 안타까운 마음과 함께 아이에게 미안한 마음까지 들 지경입니다. 다행스러운 점은 교육과정과 대학 입시에 있어 공정성을 확보하기 위한 다양한 제도적 장치가 마련되고 있다는 점입니다.

여기서 제가 위로와 경고의 메시지를 함께 드리고자 합니다.
절대 절망하거나 자책하시거나 분노하실 필요가 없습니다.

결국 아이의 학업 능력이 우수한 아이가 원하는 대학을 가는 것이고 제도적 변화나 평가 기준이 수없이 바뀌어도 우수한 학생을 선발하는 하나의 목적은 변하지 않는다는 점입니다.
학생이 실력을 갖추면 전혀 두려워할 필요가 없습니다.

부록

엄마를 위한 입시 용어

신설학과를 알면 입시가 보인다

엄마를 위한
입시 용어

대학 입학 관련 일반 용어

용어	의미
고른기회전형	교육기회의 불평등을 해소하기 위해 실시하는 전형으로 농어촌 학생 등 법률상 보장되는 정원외 특별전형과 대학 독자적 기준에 따른 보상 및 배려 차원의 전형 내 특별전형이 있음 유사용어 기회균등전형, 고른기회특별전형, 정원외 전형
공통원서접수	대학지원 시 필요한 정보를 최초 1회 작성하여, 모든 대학에 공통적으로 적용하는 원서접수 시스템을 말함. 현재 공통원서접수 시스템이 도입되어 운영 중이며 통합회원으로 한 번만 가입하면 원서접수 대행사마다 별도로 회원가입을 하지 않고 여러 대학에 지원이 가능함
내신	상급 학교 진학과 관련하여 선발의 자료가 될 수 있도록 지원자의 출신 학교에서 학업 성적, 품행 등을 적어 보냄 또는 그 성적. 특히 공개하지 아니하고 대학에 보고함 또는 그 보고를 말함
논술	논술고사를 주된 전형요소로 반영하는 전형 유형을 말함
대입전형시행계획	고등교육법 제34조의 5호에 의해 대학의 장이 입학년도의 전 학년도가 개시되는 날의 10개월 전까지 대입전형에 대한 자세한 계획을 공식적으로 발표하여 응시생에게 정보를 제공하는 것을 말함
동점자처리기준	입학 사정단계에서 같은 점수를 부여받은 동점자를 처리하는 기준을 말함 유사용어 동점자 선발기준, 동점자 처리방법, 합격선 동점자 처리, 동점자 사정기준, 동점자 사정원칙, 동점자 선발 우선순위, 동점자 선발원칙
모집군	4년제 대학의 정시모집 전형실시 기간에 따른 구분을 말함. 대학 전형일 (실기고사, 면접 등)에 따라 '가/나/다'군으로 구분되며 수험생의 경우 군별로 각 한 번씩 총 3번 이내의 지원 기회를 가짐
모집군	대학에서 학생을 모집하는 단위를 말함. 주로 학과 단위로 모집을 하며, 학부단위나 계열별로 통합하여 모집하는 경우도 있음
서류작성금지항목	자기소개서에 작성 시 서류평가 '0점'(또는 불합격) 처리하는 공인어학성적 및 수학·과학·외국어 교과 관련 교외 수상실적 항목을 말함. 열거된 항목 외에도, 대회 명칭에 수학·과학(물리, 화학, 생물, 지구과학, 천문)·외국어(영어 등) 교과명이 명시된 학교 외 각종 대회(경시대회, 올림피아드 등) 수상실적을 작성했을 경우에도 '0점'(또는 불합격) 처리함

선발원칙	합격자 선정 방법, 모집인원 및 자격미달 시 처리방법, 복수 지원자 처리방법, 가산점, 동점자 처리기준 등 선발 절차나 과정에 대한 기술을 말함
수시모집	정시모집에 앞서 학생의 다양한 능력과 재능을 반영하여 신입생을 선발하는 방식을 말함. 수시모집에 합격하면 정시모집에 지원할 수 없고, 수시모집에 지원자가 미달된 모집단위의 경우 정시모집에서 선발하기도 함
실기전형	실기고사를 주된 전형요소로 반영하는 전형 유형을 말함
일괄합산 전형	전형이 단계로 나누어지지 않고, 일괄적인 성적 처리를 통해 이루어지는 전형 유사용어 일괄합산
입학 사정관	대학에서 학교생활기록, 인성·능력·소질·지도성 및 발전가능성 등 학생의 다양한 특성과 경험을 입학전형자료로 생산·활용하여 학생을 선발하고, 대입전형 관련 연구·개발 업무를 전담하는 전문가를 말함
자기 소개서	자신을 소개하기 위한 글로 대입전형의 주요 평가자료로 활용됨. 자기소개서 문항은 모든 대학이 공통적으로 활용하는 3개 문항과, 개별대학이 자체적으로 개발·활용하는 1개의 자율문항으로 구성됨
전형	대학에서 요구하는 인재를 선발하기 위해 지원자가 가지고 있는 역량을 평가하여 선발여부를 결정하는 일련의 과정을 말함
전형방법	학생 선발 시 고려되는 전형자료, 전형요소, 반영비율, 선발단계 등 일련의 절차나 과정을 말함
전형요소	학생을 선발하기 위해 고려되는 요소를 말함 예 _ 학생부 교과, 비교과, 서류평가성적, 면접평가성적, 수능성적, 논술고사성적, 외국어능력, 실기능력 등
전형자료	학생을 선발하기 위해 활용되는 자료를 말함 예 _ 학생부, 자기소개서, 교사추천서, 수능성적표, 어학성적표, 고교프로파일 등
정시전형	수시모집 이후 대학이 일정 기간을 정해 신입생을 모집하는 선발방식으로 수능성적표가 배부된 후 모집 군을 나누어 신입생을 모집하는 것을 말함
정원 내 전형	대학이 허가된 입학정원 내에서 선발하는 전형을 말함

정원 외 전형	고등교육을 받을 기회를 균등하게 제공하기 위하여 소득·지역 등의 차이를 고려하여 고등교육법 시행령 제29조에 따라 대학에서 자율적으로 실시하는 전형을 말함. 정원외 전형 해당 자격은 다음과 같음 - 농어촌학생 특별전형 - 특성화고교 졸업자 특별전형 - 재외국민과 외국인 특별전형(북한이탈주민, 부모 모두 외국인인 외국인, 외국에서 초·중등 전 교육과정을 이수한 재외국민, 외국인, 귀화허가를 받은 결혼이주민 포함) - 기초생활수급자, 차상위계층, 한부모가족 지원대상자 특별전형 - 특성화고 등을 졸업한 재직자 특별전형 - 장애·지체로 인한 특수한 교육적 필요 대상자 특별전형
최종등록	합격자가 해당 대학에 등록의사를 밝히는 예치금을 납부한 후, 대학에서 정한 등록기간에 최종적으로 등록금을 납부하여 등록하는 것을 말함. 정시전형의 경우 합격자 발표 후 등록예치금 없이 바로 등록함
최종합격	입학전형 절차와 단계에 따라 최종합격한 것을 말함. 전형방법별로 일괄 합산 전형은 별도의 단계를 거치지 않고 전형요소별 반영점수의 총점에 따라 최종합격자가 선발되며, 단계별 전형은 단계마다 모집인원의 일정 배수를 선발하고, 마지막 단계에 최종합격자를 선발함
충원합격	합격자가 등록을 하지 않아 결원이 생겼을 때 해당 대학의 예비합격자를 추가로 합격시키는 것을 말함
학생부 교과	학생들이 각 교과목의 교육과정을 통해서 얻은 학업성취의 수준을 말함
학생부 비교과	학생들이 교육과정 중에서 경험한 모든 활동 내용을 말함
학생부 교과전형	학생부 교과성적을 중심으로 정량적으로 평가하는 전형을 말함
학생부 위주전형	학생부를 주된 전형요소로 반영하는 전형 유형을 말함
학생부 종합전형	입학사정관 등이 참여하여 학생부를 중심으로 자기소개서, 추천서, 면접 등을 통해 학생을 정성적으로 종합평가하는 전형을 말함
활동 증빙자료	학생 개인 활동을 증빙하기 위해 추가적으로 제출하는 서류 유사용어 개인활동자료, 교과활동증빙자료, 포트폴리오, 활동보고서, 입증자료, 개인활동 자료 및 실적물, 개인 포트폴리오, 실적 증명서류

평가 관련 용어

용어	의미
가산점	특정 평가요소, 과목 등에 점수를 부여하는 것을 말함. 예를 들어 수학 '가' 와 수학 '나' 응시자 모두 지원 가능한 자연계 모집단위에서 수학 '가' 응시자에 가산점을 주는 방식을 말함
가중치	대입전형에서 특정 학년이나 교과, 영역에 비중을 두어 전형 총점을 계산 하는 것을 말함
개별면접	면접관(들)이 지원자 1인과 질의응답하는 면접을 말함
구술시험	말로 하는 시험. 특정 문제를 출제하여 그에 대한 답변을 통해 확인하는 면 접을 말함
구조화면접	평가준거와 기준에 따라 사전에 질문의 내용과 방법을 정하여 진행하는 면 접을 말함
대학수학능력시험 필수 응시 영역	대학수학능력시험 최저학력기준을 설정할 때나 정시에서 대학수학능력시 험 성적을 적용하는 데에 있어서, 성적반영 여부와 상관없이 응시하여 결 과치를 얻어야 하는 과목을 말함
등록포기	대학입학전형에 합격하여 등록하였으나, 다른 대학의 충원합격 통보를 받 는 등의 이유로 등록을 원하지 않는 대학에 등록을 포기하는 의사를 전달 하는 절차. 반드시 등록포기 절차를 진행해야 이중등록으로 합격이 취소되 는 것을 막을 수 있음
명목반영비율	전형요소별(학생부, 서류, 면접, 논술 등) 반영되는 점수로 기재되어 있는 그대로의 비율을 말함. 예 _ 논술 70%+학생부 30%
변환표준점수	각 과목의 난이도와 표준편차를 고려해 산출되는 점수를 말함. 표준점수의 변별력을 높이기 위해 산출하는 점수로 대학에서는 주로 탐구영역의 성적 을 반영할 때 사용함
비구조화면접	평가준거와 기준에 따른 평가를 위해 면접관의 재량적 판단으로 질문을 진 행하는 면접을 말함
사정	지원자에 대한 심사 및 평가 결과를 바탕으로 선발 여부를 결정하는 행위 를 말함

서류확인면접	지원자가 제출한 서류 내용을 확인하는 면접을 말함
실질반영비율	전형요소별(학생부, 서류, 면접, 논술 등)로 전형총 점에 대해 미치는 실제적인 비율을 의미함. 현재는 대부분의 대학에서 전형요소별 반영점수 및 실질반영 비율을 함께 기재하고 있음
심층면접	지원자의 자질과 역량을 보다 세밀하고 심층적으로 살피는 면접. 통상 인성뿐만 아니라 수학능력, 창의력, 전공 적합성, 자질, 기본상식 등 심층적으로 평가하는 면접을 말함
인적성면접	지원자의 인성과 전공에 대한 적성을 평가하는 면접을 말함 예 _ 교직 인·적성면접, 의대 인·적성면접
정량평가	객관적으로 수량화가 가능한 자료를 사용하는 평가방법을 말함
정성평가	전형자료를 토대로 평가자가 그 의미를 찾고 해석하는 평가방법을 말함
출제문항면접	대학이 사전에 출제한 문항을 통해 지원자를 평가하는 면접을 말함
평가기준	지원자를 평가하는 구체적인 판단기준을 말함 예_영어 교과성적 90점 이상, 1등급, 특정 시험의 합격점수 80점 이상, 전공적합성 탁월, 우수, 보통, 미흡 등
평가요소	지원자를 평가하는 기준과 내용을 말함 예_학업역량, 전공적합성, 인성, 발전가능성, 논리력, 수리력 등
평가준거	평가 시 궁극적으로 다달해야 하거나 추구해야 하는 속성이나 상태 등을 의미하는 표준을 말함 예_대학 및 모집단위의 인재상, 성취평가제의 성취기준 등
평가항목	평가 시 고려되는 평가요소의 세부 항목을 말함 예_학업역량의 경우 학생부의 등급, 원점수, 수상경력 등, 인성의 경우 리더십, 공동체의식, 나눔과 배려, 학생부의 출결사항, 창의적체험활동 등
표준점수	원점수에 해당하는 점수를 상대적인 서열로 나타내는 점수. 영역 또는 선택과목별로 정해진 평균과 표준편차를 갖도록 변환한 분포 상에서 개인이 획득한 원점수가 어느 위치에 해당하는 가를 나타내는 점수를 의미
학업역량면접	지원자의 학업능력과 수준 등을 평가하는 면접을 말함
환산점수	대학 자체의 반영 방식을 통해 산출한 전형총점을 말함. 지원한 대학이 표준점수, 백분위, 대학 자체 변환표준점수 중 어떤 점수를 활용하는지, 영역별 반영비율과 가중치는 어떤지에 따라 입시 결과가 달라질 수 있으므로 확인을 필요로 함

입학전형 기타 용어

용어	의미
결격	지원자격미달, 대학에서의 수학능력미달, 최저학력기준 미달, 필수 서류 미제출 등의 이유로 필요한 자격을 갖추고 있지 못한 학생(지원자)의 처리 결과를 말함. 유사용어 부적격
교차지원	본인의 계열과는 다른 모집단위에 지원하는 경우를 의미함. 대학 전형에 따라 교차지원 가능여부가 다르므로 모집요강이나 대학 입학처에 확인해야 함
등록예치금	수시모집 본등록 전에 등록 의사를 밝히는 의미에서 일정 금액을 납부하는 것을 말함 유사용어 등록확인 예치금, 예치금, 수시합격 예치금, 수시모집 예치금, 확인 예치, 등록(예치)금
미등록충원	합격자가 등록을 하지 않아 결원이 생겼을 때 해당 대학의 예비합격자를 추가로 등록시키는 것을 말함 유사용어 결원 보충, 미등록 결원 보충, 미충원 인원 선발, 후보 충원
복수지원	수시모집은 각 대학에 최대 6개 전형 이내로 지원할 수 있으며 이것을 복수지원 이라고 함. 해당 대학에서 금지하고 있지 않을 경우, 동일 대학 내 복수지원 가능. 정시모집 역시 모집군 별로 각 1회씩 총 3개의 전형을 지원 할 수 있음 (모집기간 군이 다른 대학 간(가/나/다 군) 또는 동일 대학 내 복수지원 가능) (복수지원 시 교육대학 포함, 전문대학·산업대학은 제외함)
분할모집	정시모집에서 동일한 학과를 2개 이상의 군으로 분할하여 모집하는 경우를 말함 예 _ 경영학과 학생의 50% '가'군에서 모집하고, 나머지 50%는 '나'군에서 모집하는 경우 현재는 분할모집을 허용하지 않음
예비합격순위	최초합격자 발표 시, 일정 비율의 지원자에게 부여되는 후순위 합격자의 순위 (순서)를 말함 유사용어 예비순위, 예비합격 후보순위, 후보순위, 예비후보 순위, 충원합격 후보순위
예비합격자	최초합격자 발표 시 일정 비율의 지원자에게 후순위 합격자의 순위(순서)를 부여하는데, 이 때 후순위 합격 기회를 부여받은 학생을 말함 유사용어 예비순위자(예비자), 예비합격 순위자, 충원대상자, 예비후보자, 충원예비합격자, 후보자, 후보순위자

이월인원	모집시기별로 미달 또는 미등록으로 인해 발생한 결원을 다음 모집시기로 이월하여 선발하는 인원을 말함. 수시모집에서 미충원된 인원은 정시모집으로 이월하는 경우가 많으므로 정시모집 지원시 확인이 필요함 (대입전형 기본사항 참고 및 연구자 재정의)
이중등록	입학할 학기가 같은 2개 이상의 대학에 등록한 것을 말하며, 이중등록은 입학 취소 사유가 되므로 반드시 하나의 대학에만 등록해야 함 (출처: 대입정보포털 입시용어사전)
전형료 비례환불	입학전형을 마친 후 전형료 수입·지출에 잔액이 발생될 경우, 응시한 사람이 납부한 입학 전형료에 비례하여 반환하는 것을 말함 (고등교육법 제34조 4 제5항)
전형료 일부환불	단계별로 실시하는 입학전형에 응시하였으나 최종 단계 전에 불합격한 경우 전형료의 일부를 반환함
정시이월	수시모집 등록결과나 일정 등의 이유로 선발하지 못한 인원을 정시로 이월하여 선발하는 것을 말함
중복지원금지	동일한 전형 내에서 2개 이상의 모집단위를 중복하여 지원할 수 없음을 말함 예 _ 한 전형 내에서는 영문과, 경영학과를 동시에 지원할 수 없음 그리고 동일대학 내에서 전형 간 중복지원을 금지하는 경우도 있으므로 지원 시 해당 대학 모집요강이나 입학처에 확인해야 함
지원횟수위반	입학원서 접수 시 수시전형은 최대 6회, 정시전형은 모집군별로 각 1회씩 총 3회 지원이 가능함(교육대학 포함, 전문대학·산업대학은 제외). 이를 초과한 경우 원서접수 시간 순서상 초과한 접수는 취소됨. 이를 위반한 경우 입학이 무효가 되므로 주의해야 함
학생부 교과성적 대체 점수 (비교내신대체어)	검정고시 합격자 등 학생부 성적을 확인하기 어려운 학생들을 대상으로 대학수학능력시험 성적이나, 대학별고사 성적 등과 같은 점수를 비교하여 학생부 교과성적을 대체할 점수를 산출하는 제도를 말함 유사용어 비교내신, 학교생활기록부 비교평가, 학교생활기록부 적용 제외
학생부 교과성적 대체 점수 적용 대상자	학교생활기록부 교과성적을 산출할 수 없는 학생(지원자)을 대상으로 다른 성적을 기준으로 교과성적을 대체하여 적용하는 학생(지원자)을 말함 유사용어 비교내신 적용 대상자, 비교내신 적용자, 학교생활기록부 적용 제외자, 학교생활기록부 비산출자, 학교생활기록부 반영교과의 석차등급 산출 불가자

신설학과를 알면
입시가 보인다

신설학과 분석법

신설학과 안내/신설학과 아래 표는 모두 2023학년도 기준(2022.5월) 신설되는 학과 대상

2023학년도 신설학과 일람

대학	학과	비고
가톨릭대	바이오메디컬소프트웨어	
경일대	특수군사학과	수시선발 / 정시는 이월
	스마트보안학과	
계명대	스마트제조공학	
	실버스포츠복지전공	
	웹툰전공	
고려대	차세대통신학과	삼성전자 채용조건형 계약학과
	배터리스마트팩토리학과	LG에너지솔루션 채용조건형 계약학과 (대학원 과정[석박사통합/박사])
고려대(세종)	표준지식학과	
대구대	특수창의융합학과	
	뷰티스타일링 전공	수시선발 / 정시는 이월
동명대	반려동물학과	
	작업치료학과	
	애견미용행동교정학과	
	웹툰애니메이션학과	
목원대	게임소프트웨어공학과	
배재대	글로벌비즈니스학과	수시선발 / 정시는 이월
	스마트배터리학과	
	커뮤니케이션디자인전공	

부산외대	글로벌웹툰콘텐츠학과	수시선발 / 정시는 이월
서강대	시스템반도체공학과	SK하이닉스 채용조건형 계약학과
서울여대	바이오헬스융합학과	
서울장신대	실용음악과	
세종대	반도체시스템공학과	
세한대	사회복지상담학과	수시선발 / 정시는 이월
	반려동물관리학과	
	자유전공학과	
순천향대	메타버스&게임학과	
연세대	디스플레이융합공학과	LG디스플레이 채용조건형 계약학과
우송대	제과제빵조리전공	
이화여대	데이터사이언스학과	
인하대	자유전공학부	
전남대	창의융합학부	수시선발 / 정시는 이월
포항공대	반도체공학과	삼성전자 채용조건형 계약학과
한국공학대	지능형모빌리티전공	
	데이터사이언스경영전공	
	인공지능학과	
카이스트	반도체시스템공학과	삼성전자 채용조건형 계약학과
한국외대(글로벌)		
한양대	반도체공학과	SK하이닉스 채용조건형 계약학과
호서대	반도체공학과	

엄마표 대입이 필요한 이유
우리 아이를 행복하게 만드는 입시

대한민국 입시 전쟁에서 아이들을 승리자로 만들어 명문대 입시에 성공한 영웅담에 더 이상은 현혹되지 않길 바라며, 이 책을 썼습니다. 책 제목이 엄마표 입시라고 쓴 의도가 바로 이것입니다.

이 책을 다 읽으신 엄마라면 엄마가 입시 전반을 다 챙겨야 한다는 뜻으로 오해하는 독자분은 없으실 것으로 생각합니다. 아이를 낳아 20년을 키워내며, 획일화된 목표를 강요받고 있는 대한민국 입시 문화는 결코 쉽게 깨지지 않을 것입니다. 적어도 앞으로 10년은 지금과 같은 문화가 지속될 것이라 장담합니다. 바꿀 수 없는 입시 환경을 받아들이고, 우리 학생들에게 최선을 다해 성과 위주의 입시 지도를 하고 있습니다.

그러나 입시가 끝났을 때만큼은 하고 싶었던 이야기를 해줍

니다. 입시의 종착점을 막 지난 우리 학생들에게 또 다른 시작을
축복하며 한결같이 전하는 메시지가 있습니다.

"

이렇게 치열하게 이기는 법을 배웠으니,

이 경험을 토대로 이기는 삶을 살기 바란다.

입시의 내용에 집중하지 말고,

과정 속에서 네가 어떻게 해왔는지에 대해서만 집중하렴

너의 그 과정이 인생을 사는 데

무엇과도 바꿀 수 없는 큰 도움이 될 거야.

또 다른 시작을 응원할게

"

당장 학생들은 저의 이야기에 공감이 되거나 100% 이해하지
못했을 겁니다. 그러나 이 책의 독자이신 대한민국의 입시생 엄
마, 학부모님들은 고개를 끄덕이셨을 것이라 생각됩니다. 아이
가 입시를 치르면서 배웠던 과도한 학습 내용과 학습량, 그리고

혹독한 경쟁 속에서 배운 아이들의 사회생활에서 얻은 피로와 무게는 어린 나이에 견디기 힘든 고통이었을 것입니다.

오죽하면, 대한민국에서 가장 힘든 나이는 고3이라고 할까요?

12년에 이르는 교육과정 동안 학생들이 배운 지식과 경험이 대학 입학 후에도 이어질 수 있는 토대가 되었다면 이토록 한탄스러운 이야기를 하지 않아도 되었을 것입니다.

치열한 대학입시를 치른 수많은 신입생들이 겪는 감정이 있습니다.

"고등학교 내내 공부했던 거 어디에 필요한 거야?"
"내가 이겨온 방식과 저 아이가 이겨온 방식의 입시 경쟁이 공정했던 거야?"

때로는 쓸모없는 공부를 했다는 자괴감으로 힘들어합니다. 때로는 입시 과정에서 쌓아온 본인의 노력이 과연 공정하게 평가받았는지 입시의 본질을 의심하게 하는 사건들이 터져 나오기도 합니다.

대한민국 입시 과정은 이겨야만 합니다. 이 과정을 통해 적어도 우리 학생들은 이기는 법은 배웠습니다. 자기 자신과의 싸움에서 이겨냈고, 고등학교 내의 친구들과 끊임없는 경쟁 속에서 이겨낸 성적으로 대학에 진학했습니다. 그 과정 자체에 의미를 두고 대학에 진학해서 정말 하고 싶었던 공부를 하길 바랍니다.

입시 현장의 한가운데에서 해마다 수 천명의 학생들을 만나는 사람들은 이미 알고 있습니다. 물론 원하지 않은 선택일 수 있지만 대학 입학은 또 다른 시작이며, 진정으로 자신이 필요한 공부를 시작할 수 있는 기회의 장임은 분명합니다. 이 점에서 미래의 대학을 목표로 현재 고등학교까지의 학업을 수행하고 있는 학생들이 미리 지치거나 힘을 잃지 않기를 희망합니다.

힘든 입시 경쟁 속에서 학무모님들과 학생들 모두 간과하고 있는 사실이 한 가지 있습니다. 입시 과정에 갇혀있다고 생각하는 지금의 시간은 대학교 진학 후 꽃피워야 할 꿈과 미래를 위한 든든한 기반이 될 것임에 분명합니다. 또한 고등학교에서 겪어 왔던 시간들은 자신을 성장시키는 태도와 가치관이 되어 앞으로 부딪히게 될 세상을 이겨내고 성취할 수 있는 원천이 될 수 있습니다.

아이의 입시, 나아가 사회인으로서의 성장을 돕는 엄마표 입시는 우리 아이의 미래를 행복한 길로 안내하는 가이드가 된다고 믿습니다. 또한 엄마가 함께 하는 입시 전략은 대학과 동시에 또 다른 길에 나아가는 우리 학생들을 바른길로 배웅하고, 응원하고 지지하는 엄마의 사랑이라 생각됩니다.

우리 학생들과 달려가고 있는, 혹은 달려온 20년. 고생 많으셨습니다.

엄마표 입시의 성공은, 행복한 진로를 찾아 떠나는 스무 살 우리 아이들의 당당한 뒷모습이 증명해 보일 것입니다.

엄마가 입시를 알아야 하는 이유가 바로 여기에 있습니다.